Daniel J. Siegel
& Tina Payne Bryson

Arbeitsbuch

Achtsame Kommunikation mit Kindern

Daniel J. Siegel
& Tina Payne Bryson

Arbeitsbuch Achtsame Kommunikation mit Kindern

Praktische Übungen, Arbeitsblätter und Aktivitäten, die Ihren Kindern eine harmonische Entfaltung ermöglichen

Übersetzt von Sabine Bongartz

arbor
Arbor Verlag
Freiburg im Breisgau

Die Originalausgabe erschien unter dem Titel:
The Whole-Brain Child Workbook. Practical Exercises, Worksheets and Activities to Nurture Developing Minds

3. Auflage 2024

Lektorat: Lienhard Valentin
Druck und Bindung: Memminger MedienCentrum Druckerei und Verlags-AG
Hergestellt von mediengenossen.de

Dieses Buch wurde auf 100 % Altpapier gedruckt und ist alterungsbeständig.
Weitere Informationen über unser Umweltengagement
finden Sie unter www.arbor-verlag.de/umwelt

www.arbor-verlag.de

ISBN 978-3-86781-168-2

Die Ratschläge zur Selbstbehandlung in diesem Buch sind von den Autorinnen und vom Verlag sorgfältig erwogen und geprüft worden. Dennoch kann eine Garantie nicht übernommen werden. Sie brauchen psychotherapeutische Hilfe, wenn Sie sich durch die Übungen von Emotionen und Erinnerungen überwältigt fühlen. Bei ernsthafteren und/ oder länger anhaltenden Beschwerden sollten Sie auf jeden Fall einen eine Ärztin, Psychotherapeutin oder Psychologin Ihres Vertrauens zu Rate ziehen. Eine Haftung der Autorinnen und des Verlages für Personen-, Sach- und Vermögensschaden ist ausgeschlossen.

Inhalt

VORBEMERKUNG DER AUTOREN

Wir möchten Ihnen gerne unsere Freude darüber mitteilen, dass Sie dieses Buch aufgeschlagen haben. Wir sind beide Eltern und wissen daher, wie schwer es manchmal ist, einfach nur den Tag zu überstehen, geschweige denn ein Buch über das Elternsein zu lesen. Und Sie haben sich jetzt die Zeit genommen, nicht nur ein Buch über das Elternsein zu lesen, sondern sich auch mit einem Arbeitsbuch zu einem Buch über das Elternsein zu beschäftigen! Wir zollen Ihnen unseren Respekt für Ihre Entschlossenheit und Ihr Engagement, Ihre Kinder einfühlsam ins Leben zu begleiten und Ihr Wohlbefinden sowie das Ihrer ganzen Familie zu fördern.

Wir haben dieses Arbeitsbuch für Sie geschrieben: für die Eltern, die nur wenig Zeit haben und vermutlich überwältigt sind; die Eltern, die sich trotzdem dem Elternsein widmen und auf tieferer Ebene verstehen wollen, was es bedeutet, eine Verbindung zu ihren Kindern aufzubauen. Vielleicht lesen Sie dieses Buch alleine, vielleicht als Teil einer Gruppe. Vielleicht sind Sie auch keine Eltern und möchten einfach nur die Kinder, die Ihnen am Herzen liegen, besser verstehen und eine bessere Beziehung zu ihnen aufbauen. Vielleicht sind Sie ja auch im Bereich der Elternarbeit aktiv und und benutzen dieses Buch, um einer Elterngruppe das Konzept des integrierten Gehirns und dessen praktische Anwendung zu vermitteln. Wie auch immer Ihr ganz persönlicher Ausgangspunkt auch aussehen mag, dieses Arbeitsbuch wird Ihnen hoffentlich eine wertvolle Hilfe sein!

Wenn wir Sie auf den folgenden Seiten bitten, Ihre Antworten aufzuschreiben, bitten wir Sie nur um einige Zeilen. (Sie können selbstverständlich mehr schreiben, wenn Sie möchten.) Etwas schriftlich festzuhalten ist eine bewährte Methode der Wissensvertiefung und es hilft immens dabei, zu verstehen, was Sie tun und wie Sie es womöglich besser tun können. Wir stellen Ihnen verschiedene Aktivitäten vor, denen Sie alleine oder gemeinsam mit Ihren Kindern nachgehen können, aber nicht müssen. Das entscheiden ganz alleine Sie. Unser Arbeitsbuch ist so konzipiert, dass jedes Kapitel auf dem vorangehenden Kapitel aufbaut. Sie müssen sich aber trotzdem nicht an diese Reihenfolge halten.

Damit wollen wir sagen, dass es hier keine absoluten Regeln gibt. Dieses Arbeitsbuch ist weder eine weitere Verpflichtung, der Sie nachkommen müssen, noch etwas, das für Schuldgefühle sorgt, wenn Sie sich mit dem Arbeitsbuch nicht regelmäßig oder gut genug beschäftigen können. Dieses Arbeitsbuch soll einfach nur ein Werkzeug für Sie sein, mehr Hilfe und Unterstützung in dem zu finden, das Sie ohnehin schon tun: ein tieferes Verständnis für Ihre Kinder zu entwickeln, eine engere Verbindung zu ihnen aufzubauen und damit ein besseres Verständnis von der eigenen Person als Mutter oder Vater zu gewinnen.

Danke, dass wir ein Teil Ihrer Reise sein dürfen.

Dan und Tina

KAPITEL 1

Erziehung mit einem Verständnis des Gehirns

Das sind sehr aufregende Neuigkeiten. Sie bedeuten, dass wir nicht dem ausgeliefert sind, wie unser Gehirn heute funktioniert – wir können es tatsächlich neu vernetzen, damit wir gesünder und glücklicher leben können. Das trifft nicht nur für Kinder und Heranwachsende zu, sondern für jeden von uns während der gesamten Lebensspanne.

ACHTSAME KOMMUNIKATION MIT KINDERN

In der Einleitung zu *Achtsame Kommunikation mit Kindern* beschreiben wir die zwei Ziele, die praktisch alle Eltern miteinander teilen. Das erste und unmittelbare Ziel ist das Überleben unzähliger schwieriger Momente, die wir jeden Tag in den Interaktionen mit unseren Kindern erfahren. Manchmal scheint unsere einzige Hoffnung zu sein: einfach nur zu überleben.

Aber wir wollen selbstverständlich mehr als das reine Überleben. Wir möchten, dass unsere Kinder sich entfalten und aufblühen. Wir möchten ihnen Erfahrungen schenken, damit sie zu Menschen werden, die wissen, was es bedeutet, zu lieben und zu vertrauen, Verantwortung und Resilienz in schwierigen Zeiten zu zeigen und ein sinnvolles Leben zu führen. Wir wollen ihnen bei ihrer Entfaltung helfen.

Denken Sie an diese beiden Ziele, wenn Sie die ersten Seiten dieses Arbeitsbuches lesen. Nutzen Sie eine ruhige Minute und beantworten Sie die folgenden Fragen. Geben Sie sich etwas Zeit, sich Antworten zu überlegen und unten zu notieren. Seien Sie so konkret und ehrlich wie möglich. Sehen Sie dieses Buch als Ihr ganz persönliches Tagebuch.

Wie oft versuchen Sie am Tag, einfach nur einen schwierigen Moment mit ihren Kindern zu überstehen? Mit schwierigen Momenten meinen wir zum Beispiel Geschwisterrivalitäten, Verhaltensauffälligkeiten, endlose Diskussionen über die Hausaufgaben oder die Zeit vor dem Fernseher oder am Computer, Respektlosigkeit oder die frühmorgendlichen Aufsteh-Rituale. Umkreisen Sie Ihre Antwort:

- **Ein- bis zweimal pro Tag**
- **Drei- bis fünfmal pro Tag**
- **Mehr als fünfmal pro Tag**

Denken Sie jetzt über diese besonderen Überlebensmomente nach. Viele Eltern reagieren gewöhnlich auf solche schwierigen Situationen, indem sie sich hauptsächlich auf das kurzfristige Überleben konzentrieren. Wie sehen Ihre „bewährten“ Überlebensstrategien aus? Schreien Sie Ihre Kinder an? Trennen Sie sie voneinander? Bieten Sie ihnen etwas Besonderes an, wenn sie ihr Verhalten ändern (eine Belohnung oder die Erlaubnis, etwas Bestimmtes tun zu dürfen)? Drohen Sie ihnen? Setzen Sie Konsequenzen durch? Erstellen Sie hier eine Liste Ihrer typischen Überlebensstrategien:

Verlagern Sie jetzt Ihre Blickrichtung auf Ihre Ziele, Ihren Kindern bei ihrer Entfaltung zu helfen. Was wünschen Sie sich wirklich für sie – jetzt als Kinder und später als Jugendliche und Erwachsene? Vielleicht wünschen Sie sich warmherzige Beziehungen oder ein sinn- und bedeutungsvolles Leben für sie. Vielleicht möchten Sie, dass Ihre Kinder glückliche, unabhängige und erfolgreiche Erwachsene werden. Notieren Sie Ihre „Entfaltungsziele" für Ihre Kinder. Wenn Sie sich Ihre Kinder als erwachsene Menschen vorstellen, welche Werte sind dann am wichtigsten für Sie?

Eine unserer Absichten war es, mit *Achtsame Kommunikation mit Kindern* Eltern bei der Einsicht zu helfen, dass Überlebensmomente auch Gelegenheiten sind, Kinder in ihrer Entfaltung zu unterstützen. Wir können schwierige Situationen des Elternseins dazu benutzen, unseren Kindern wichtige Einsichten zu ermöglichen. In unserer Einleitung zu *Achtsame Kommunikation mit Kindern* sagen wir: „Der große Vorteil dieses Ansatzes von ‚Überleben und Entfalten' besteht darin, dass wir uns keine besondere Zeit reservieren müssen, um unsere Kinder bei ihrer Entfaltung zu unterstützen. Wir können alle Interaktionen mit ihnen – die stressvollen, die wütenden und auch die wunderbaren, kostbaren – als Möglichkeiten nutzen, um ihnen zu helfen, verantwortungsvolle, fürsorgliche, eigenständige Menschen zu werden. Und darum geht es in diesem Buch: Wir können diese Momente des Alltags mit unseren Kindern nutzen, um ihnen zu helfen, ihr wahres Potenzial zu entfalten."

Nehmen Sie sich jetzt etwas Zeit, um über einen bestimmten Moment aus den letzten Tagen nachzudenken, als etwas zwischen Ihnen und Ihren Kinder nicht so lief, wie Sie es sich wünschten. Stellen Sie sich selbst in diesem Moment vor. Sehen Sie sich selbst, sehen Sie Ihr Kind. Notieren Sie dann, wie Sie handelten und auf die Situation reagierten. Beschreiben Sie einfach, was Sie taten, ohne Ihre Handlungen emotional zu bewerten. Stellen Sie sich als Kamera vor, die das, was geschieht, aufnimmt. (Sie könnten zum Beispiel Folgendes aufschreiben: „Als er seine Schwester schlug, war ich stinkwütend. Ich habe ihn nicht angeschrien, aber ich war sehr barsch. Ich habe ihm gesagt, dass er zu groß und alt für solche Sachen ist. Ich habe ihn im Grunde beschämt. Dann habe ich …")

Beschreiben Sie Ihre Erfahrung hier.

....

....

....

Wenden Sie jetzt die Methode „Überleben und Entfalten" auf diese Situation an. Wenn Sie auf Ihre Reaktion zurückblicken, wie sehr haben Sie versucht, einfach nur die Situation zu überleben? Und wie sehr halfen Ihre Handlungen Ihrem Kind dabei, sich zu entfalten und eine wichtige Lektion für die Zukunft zu lernen? Zur Erinnerung: Beide Ziele sind wichtig. Es spricht nichts dagegen, den Moment zu überleben. Die Frage ist jedoch, in welchem Maß Sie sich auch darum bemühen, langfristige Fertigkeiten aufzubauen und Ihrem Kind zu helfen, zu wachsen und aus der Erfahrung zu lernen. Halten Sie das jetzt bitte hier fest.

Alle Eltern treffen auf Situationen, die sie einfach nur überleben müssen. Kinder zu erziehen ist eine große Aufgabe und manchmal ist das Beste, was wir tun können, nur den Moment zu überstehen. Solche Erfahrungen werden aber *sehr* viel wertvoller, wenn wir, statt nur den Moment durchzustehen, *auch* die Gelegenheit beim Schopf packen und unseren Kindern etwas über Liebe, Respekt, Empathie und Vergebung vermitteln.

Sie erinnern sich vermutlich noch an das Konzept der Integration und wie viel Wert wir ihm beimessen. Weil das Gehirn aus vielen verschiedenen Teilen besteht und weil jeder Teil verschiedene Aufgaben hat, müssen alle Teile als integriertes Ganzes zusammenarbeiten, damit wir unsere Elternrolle bestmöglich ausüben können.

Als Eltern möchten wir unseren Kindern helfen, ein besser integriertes Gehirn zu entwickeln, damit diese ihr gesamtes Gehirn auf koordinierte Weise benutzen. Wenn alle Teile des Gehirns Ihrer Tochter zusammenarbeiten, erlebt sie ein Gefühl der Integration und kann sich entfalten. Sie werden beispielsweise feststellen, dass sie in solchen Zeiten der Integration viel besser mit Rückschlägen umgehen und ruhiger auf Enttäuschungen reagieren kann, da sie über die Geduld und die Einsicht verfügt, ihre Frustrationen zu verarbeiten.

In solchen Momenten ist sie weder starr noch chaotisch. Sie befindet sich im Fluss des Wohlbefindens.

Chaos

Erstarrung

Wir werden Ihnen im gesamten Arbeitsbuch dabei helfen, sich gezielter darauf zu konzentrieren, die „Überlebensmomente“ als Entfaltungsmöglichkeiten für Ihre Kinder zu sehen. Wir werden Ihnen oft zeigen, wie Sie Ihre eigene Fähigkeit verbessern, im Fluss des Wohlbefindens zu bleiben. Und wir werden auch beschreiben, wie Sie das für Ihre Kinder tun können. Wir stellen Ihnen zahlreiche Gelegenheiten vor, sich eingehender mit den Konzepten aus *Achtsame Kommunikation mit Kindern* vertraut zu machen und diese Konzepte dann auch so anzuwenden, dass sie Ihren Kindern, Ihnen und Ihrer ganzen Familie helfen, sowohl zu überleben als auch sich zu entfalten.

Wie Sie dieses Arbeitsbuch benutzen können

Wir stellen uns vor, dass Sie dieses Arbeitsbuch alleine benutzen, dass Sie es alleine lesen und die beschriebenen Übungen machen. Aber es ist auch so angelegt, dass es in Gruppen benutzt werden kann. Es gibt sicher Kliniker und Pädagoginnen, die Gruppen leiten, deren Teilnehmer sich alleine durch die Konzepte arbeiten und danach zusammenkommen, um sich über ihre Entdeckungen auszutauschen. Auch wenn Sie nicht in diesem Bereich arbeiten, möchten Sie sich vielleicht mit Freunden und anderen Bezugspersonen treffen, um das Gelesene miteinander zu diskutieren. Diese Konzepte miteinander zu teilen und ihnen näher auf den Grund zu gehen, trägt zu einem tieferen Verständnis bei und hilft Ihnen, sie so anzuwenden, dass Ihre Beziehung zu Ihren Kindern wichtiger und bedeutsamer wird.

Wir stellen viele verschiedene Aktivitäten und Übungen vor, die Sie gemeinsam mit Ihren Kindern machen können. Sie bringen ihnen auf diese Weise etwas über ihr eigenes Gehirn und das Grundkonzept des integrierten Gehirns bei (auch wenn Sie es vielleicht nie als solches bezeichnen werden). Sie bereiten Ihre Kinder darauf vor, als Heranwachsende und Erwachsene bessere Menschen und bessere Beziehungspartner zu werden. Und Sie werden Ihre Bindung zu ihnen verstärken und ihnen wichtige Fertigkeiten mit auf den Weg geben, die nicht nur Ihnen beim Überleben schwieriger Elternmomente helfen, sondern auch Ihre Kinder darin unterstützen, sich zu entfalten und glückliche, gesunde und in sich ruhende Menschen zu werden.

KAPITEL 2

Zwei Gehirne sind besser als eines

Wenn wir nur die rechte oder linke Hirnhälfte nutzen, ist das so, als würden wir versuchen, nur mit einem Arm zu schwimmen. Wir könnten es vielleicht schaffen, aber wir wären viel erfolgreicher – und würden uns nicht im Kreis drehen –, wenn wir beide Arme gleichzeitig nutzen.

ACHTSAME KOMMUNIKATION MIT KINDERN

Wie reagieren Sie normalerweise auf Ihre Kinder, wenn diese aufgebracht sind? Für einige Eltern ist das „bewährte" Rezept, mit der linken Hirnhälfte zu antworten und sich nur auf Fakten und die Lösung des Problems zu konzentrieren. Kommen Ihnen die folgenden Sätze bekannt vor?

- Mach dir keine Sorgen. Es gibt keinen Grund, Angst zu haben.
- Es ist keine große Sache, dass es kaputt ist. Reparier es halt wieder.
- Es gibt keinen Grund zu weinen. Zu verlieren gehört zum Wettkampf dazu.
- Die Hausaufgaben sind deine Sache. Mach sie einfach. Wenn du dich konzentrierst, bist du schneller fertig.

An einer auf Logik basierenden Antwort ist grundsätzlich nichts auszusetzen – außer dass sie nur sehr selten funktioniert, wenn ein Kind aufgebracht ist. Linkshirnige Logik ist fast nie effektiv, wenn sich ein Kind mitten in einem rechtshirnigen Trotzanfall befindet. Trifft das auch auf Ihre eigenen Kinder zu?

Für andere Eltern ist die rechte Hirnhälfte bei der Antwort ausschlaggebend. Die gute Nachricht ist, dass eine solche Reaktion in diesem Fall die Möglichkeit für eine emotionale Verbindung liefert. Die Gefahr besteht aber darin, dass eine rein emotionale Antwort unseren Kinder mit noch mehr Chaos überfluten kann und wir dann nicht in der Lage zu der eingestimmten Antwort sind, die sie brauchen, um ihre eigenen Gefühle sicher zu erleben.

Linke Hirnhälfte	**Rechte Hirnhälfte**
Logisch	Kann Emotionen und Informationen vom Körper wahrnehmen
Linear	Nonlinear
Sprachlich	Nonverbal
Wörtlich	Kann Dinge in einen Kontext setzen und das große Ganze sehen

Die Lösung ist, wie wir in *Achtsame Kommunikation mit Kindern* beschreiben, beide Seiten des Gehirns zu *integrieren* und ihnen so zu ermöglichen, als Team zusammenzuarbeiten. Wir wollen nicht aus einer rein linkshirnigen Perspektive heraus reagieren. Das würde zu einer emotionalen Wüste führen. Wir wollen aber auch nicht aus einer rein rechtsseitigen Perspektive heraus agieren, denn das Ergebnis wäre eine emotionale Flut. Keine Seite kann längere Zeit ohne die andere auskommen. Wenn beide Seiten zusammenarbeiten und wir uns mit einem integrierten Gehirn auf unsere Kinder einlassen, dann können wir ganzheitlich auf ihre Bedürfnisse eingehen und sie zurück zum Fluss des Wohlbefindens führen.

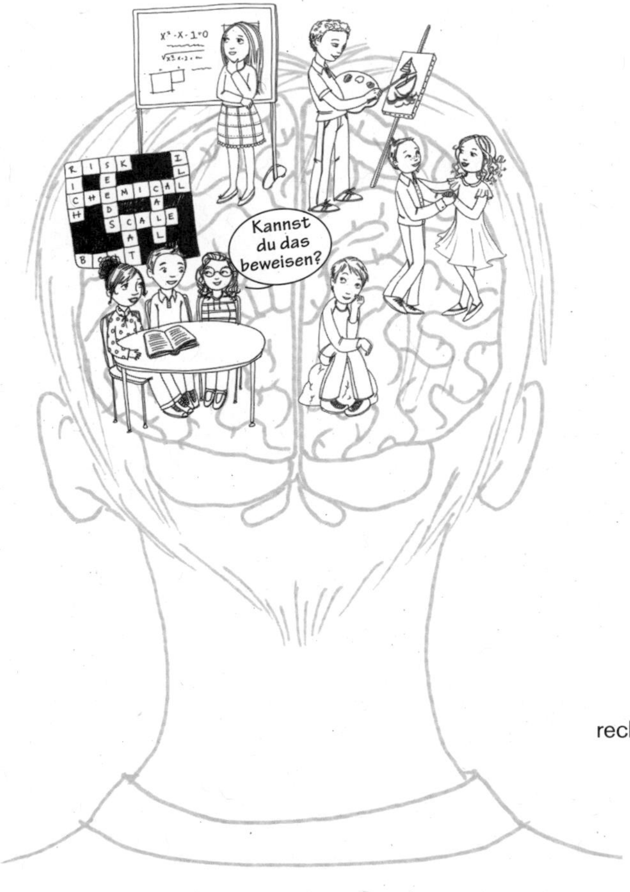

Versuchen Sie diese kurze Übung. Sie macht den Unterschied zwischen der Verarbeitung in der rechten Hemisphäre und der Verarbeitung in der linken Hemisphäre deutlich. Halten Sie einen Augenblick inne und denken Sie an den Tag, an dem Ihr Kind auf die Welt kam oder an dem Sie Ihr adoptiertes Kind zum ersten Mal im Arm hielten. Oder denken Sie an einen anderen wichtigen Moment in Ihrem Leben.

Lassen Sie uns das jetzt tun! Schließen Sie die Augen, entspannen Sie sich so gut es geht und denken Sie an diesen Augenblick zurück. Nehmen Sie sich Zeit, in die Erfahrung zurückzukehren, und halten Sie sich dann einige Momente lang in dieser Erinnerung auf. Öffnen Sie dann die Augen.

Wenn Sie auf lineare Weise, ohne Emotionen oder körperliche Empfindungen, an dieses Erlebnis denken, befinden Sie sich in einem linkshirnigen Modus. Ihre Geschichte sieht dann ungefähr so aus:

> *Als meine Wehen einsetzten, riefen wir den Arzt an und fuhren zum Krankenhaus. Ich bekam eine Periduralanästhesie. Mein Geburtshelfer kam um 14:00 Uhr und unser Sohn wurde anderthalb Stunden später geboren. Meine Eltern kamen ins Zimmer und (…).*

Haben Sie sich so an dieses Erlebnis erinnert? Wahrscheinlich nicht. Es gibt nur sehr wenige Menschen, die sich in dieser Weise an bedeutende und wichtige Erlebnisse in ihrem Leben erinnern.

Meistens erinnern wir uns mehr mit der rechten Hemisphäre, in der verschiedene Bilder von der Erinnerung auf nonlineare und fast zufällige Weise entstehen, vielleicht sogar zusammen mit körperlichen Empfindungen und Emotionen. Trifft diese Beschreibung eher auf Ihre Erinnerung zu?

In vielfacher Hinsicht ist es so, wie aus einem Traum zu erwachen: Nichts ist logisch, Ereignisse ergeben keinen Sinn, Sie sind emotional und spüren vielleicht die gleiche Schwere, Traurigkeit, Euphorie oder sogar Wut, die Sie während des ursprünglichen Erlebnisses empfanden. Diese Art des Erinnerns ist der rechten Hirnhälfte zuzuordnen.

Wir können aber nicht nur die eine oder andere Hirnhälfte benutzen. Um unser Leben wirklich zu verstehen, benötigen wir sowohl die linke als auch die rechte Hirnhälfte. Unser linkes Gehirn schenkt uns Worte und Ordnung. Unser rechtes Gehirn sorgt für emotionale Struktur und Kontext. Anders ausgedrückt wollen Sie beide Verarbeitungsmodi so gut wie möglich integrieren.

Das gleiche gilt für Ihre Kinder, besonders dann, wenn sie aufgebracht sind und Emotionen und Körper nicht kontrollieren können.

Wie zeigen Ihre Kinder Ihnen, dass ihnen etwas zu schaffen macht?

Beschreiben Sie jetzt, was passiert, wenn Ihr Kind von einer emotionalen Flutwelle überrollt wird. Wie sieht Ihr Kind in einem solchen Moment aus? Was tut es? Gibt es Tränen? Schreit es? Wirft es mit Gegenständen um sich? Sehen Sie sich die folgende Liste üblicher Reaktionen an und umkreisen Sie die Antworten, die es am besten beschreiben. Hat Ihr Kind seine ganz eigene Art des Aus-der-Haut-Fahrens, dann können Sie gerne Ihre eigenen Beschreibungen hinzufügen. Wenn Sie mehrere Kinder haben, dann erstellen Sie für jedes Kind eine Liste. So ist es einfacher für Sie, sich auf jedes Kind für sich zu konzentrieren.

- Schreien
- Weinen
- Mit Gegenständen um sich werfen
- Schlagen
- Verbaler Rundumschlag (*„Ich hasse dich!“, „Du bist so gemein.“*)
- Quengeln
- Sich selber verletzen

- Rasende Wut
- Andere verletzen
- Die Kommunikation verweigern
- Die Tür zuschlagen
- Schmollen
- Sarkastisch sein
- Rotes Gesicht
- Geballte Fäuste
- Mit den Füßen auf dem Boden stampfen
- Die Augen verdrehen
- Keine sprachliche Kontrolle mehr haben (*nur noch Geräusche machen*)
- Sich beschweren, dass etwas wehtut (*Bauchschmerzen, Kopfschmerzen*)

Notieren Sie nun zusätzliche Details, die Ihr Kind in einem Zustand hoher emotionaler Intensität beschreibt, um das Bild von ihm in solchen Augenblicken zu vervollständigen.

....

....

....

....

....

....

Es ist verständlich, dass Sie sich lieber darauf konzentrieren möchten, derartige Trotzanfälle und andere irrationale und scheinbar übertriebene Verhaltensweisen zu beenden. Wenn Sie sich jedoch diese Liste genauer ansehen, sehen Sie dann nicht ein Signal in diesen schwierigen Verhaltensweisen, dass Ihr Kind nicht mehr in der Lage ist, sein Verhalten zu regulieren? Dass sein Gehirn „nicht integriert" oder im Extremfall „desintegriert" ist?

Und genau das sind viele der Verhaltensweisen, die Sie oben aufgeführt haben: *Nachrichten*, die Ihr Kind Ihnen schickt, um Ihnen mitzuteilen, dass sich sein Gehirn nicht mehr in einem integrierten Zustand befindet und dass es Hilfe dabei benötigt, Fertigkeiten zu entwickeln, um mit solchen schwierigen Situationen umzugehen.

Nun kennen Sie also *seine oder ihre* Signale. Überlegen wir uns jetzt, wie Sie den Weg zurück zu einem integrierten Gehirn finden können.

Wie reagieren Sie, wenn Ihre Kinder aufgebracht sind?

Denken Sie jetzt darüber nach, wie Sie in extrem stressigen Situationen auf Ihre Kinder reagieren. Wenn Sie die oben beschriebenen Signale sehen, wie reagieren *Sie*? Entscheiden Sie sich für Logik und erklären den Grund, warum sich Ihre Tochter sich nicht so fühlen sollte, wie sie sich fühlt? Oder reagieren Sie mit Emotion auf Emotion und verstärken so das Situationschaos? Oder sind Sie gewöhnlich integriert und greifen auf beide Hirnhälften zurück? Wenn Sie so sind wie die meisten Eltern sind, dann lautet die Antwort: je nachdem!

Aber wie antworten Sie im Großen und Ganzen? Umkreisen Sie Ihre typische Reaktion, wenn Ihr Kind emotional überrollt wird.

0	1	2	3	4	5	6	7	8	9	10

Linke Hirnhälfte Emotionale Wüste	Integration	Rechte Hirnhälfte Emotionale Flutwelle

Befassen Sie sich nun eingehender mit diesem Gedanken. Notieren Sie die Auslöser für Ihre Reaktion. Wie geht es Ihnen, wenn Ihr Kind emotional ausrastet? Was geht Ihnen während einer solchen Flutwelle durch den Kopf? Und wie fühlen Sie sich nach dem kindlichen Ausbruch? Nutzen Sie eher Ihre linke Hirnhälfte oder setzen Sie auf Ihre rechte Hirnhälfte? *Es gibt keine richtigen oder falschen Antworten.* Wir möchten nur, dass Sie sich über Ihr eigenes Erleben in solchen Momenten bewusst werden.

Entspannen Sie sich, stellen Sie sich eine derartige Situation bildlich vor und halten Sie dann Ihre Antworten fest.

....

....

....

....

....

....

Das Ziel dieses Kapitels ist es, dass Sie sich Ihrer typischen Reaktionen auf Ihre Kinder bewusst werden, wenn diese sich emotional schwer tun, und dass Sie darüber nachdenken, wie *Sie* sich angesichts Ihrer eigenen typischen Reaktion auf ihre Bedürfnisse fühlen. Sie müssen sich zuerst Ihrer eigenen Reaktion bewusst sein, um Änderungen, falls erforderlich, vornehmen zu können.

Wenn Sie Ihre *eigene* typische Reaktion kennen, können Sie Ihrem Sohn nicht nur das Verhalten vorleben, das Sie von ihm erwarten, sondern Sie sind eher dazu in der Lage, eine Verbindung zu ihm aufzubauen, durch die er sein Gehirn wieder in einen integrierten Zustand zurückführen kann.

1. Strategie für ein integriertes Gehirn: Verbinden und Umleiten

Viele Eltern haben uns erzählt, dass unsere Methode „Verbinden und Umleiten“ wunderbar klappt. Sie hilft ihnen bei ihrem Überlebensziel, den schwierigen Moment zu überstehen, und bei ihrem langfristigen Entfaltungsziel, ihre Kinder darin zu unterstützen, belastbare, warmherzige, respektvolle und glückliche Menschen zu werden.

Sie erinnern sich vielleicht noch an die zwei Schritte der Strategie „Verbinden und Umleiten“:

Schritt 1: Sich mit der rechten Hirnhälfte verbinden

Wenn Ihr Kind aufgebracht ist, kommen Sie mit Logik nicht weiter, es sei denn, Sie sind zuerst auf die emotionalen Bedürfnisse seiner rechten Hirnhälfte eingegangen. Sie können Ihre rechte Hirnhälfte benutzen, um sich mit seiner rechten Hirnhälfte zu verbinden, indem sie seine Gefühle auf nicht wertende Weise anerkennen, durch Berührungen, indem Sie die Situation aus den Augen Ihres Kindes betrachten, einen empathischen Gesichtsausdruck und eine fürsorgliche Stimmlage. Wenn Sie mit diesem Akt der Einstimmung beginnen, erlauben Sie Ihrem Kind, sich „gefühlt zu fühlen“, bevor Sie versuchen, auf sein Problem einzugehen oder die Situation anzusprechen.

Schritt 2: Mit der linken Hirnhälfte umleiten

Hat sich das Gehirn Ihres Kindes beruhigt und ist aufnahmebereit für einen linkshirnigen logischen Ansatz, können Sie umleiten, indem Sie das Problem gemeinsam mit Ihrem Kind lösen oder Vorschläge machen, was Ihr Kind jetzt, da es ruhiger ist und sich wieder unter Kontrolle hat, tun kann.

Sich mit der rechten Hirnhälfte verbinden	Mit der linken Hirnhälfte umleiten
Berührung	Vorschläge
Stimmlage	Worte
Gesichtsausdruck	Planen
Empathie	Logische Erklärungen
Innehalten	Grenzen setzen

Was Verbinden nicht ist

Verbinden und Umleiten läuft meist dann schief, wenn sich Eltern durch den Ton oder die „irrationalen" Forderungen ihrer Kinder provozieren lassen, denn dann sind sie weitaus weniger in der Lage, mittels echter Einstimmung eine Verbindung zu ihnen aufzubauen. Als Folge klingen ihre *Worte* zwar wie eine Verbindung, aber die gesamte Antwort fühlt sich nicht warmherzig und fürsorglich an.

Haben Sie sich jemals selber dabei ertappt, wie Sie leicht irritiert oder mechanisch, ohne Wärme, gesagt haben: „Ich sehe, dass du gerade wirklich wütend bist"? Oder haben Sie mit bösem Blick und den Händen auf den Hüften zu Ihrem Kind gesagt: „Ich weiß, dass du wütend auf mich bist, aber ich habe dich jetzt dreimal gebeten, dich zu beeilen!"? Verbindung erfordert mehr als freundliche Worte oder das Anerkennen einer Emotion. Damit Verbindung stattfinden kann, muss das *Gefühl* der Interaktion voller Wärme, Einstimmung und Liebe sein. Unser Kind muss sich „gefühlt fühlen" und erleben, dass wir das, was es fühlt, auch „begreifen". Es soll *wissen*, dass wir für es da sind.

1. Strategie

Statt Befehlen und Fordern …

… versuchen Sie: Verbinden und Umleiten

Denken Sie jetzt einen Moment lang über Zeiten nach, in denen Ihr Kind aufgebracht war und Sie *ohne* Verbindung reagierten. Wir werden Sie gleich bitten, diesem Gedanken weiter auf den Grund zu gehen. Denken Sie zuerst an Momente, in denen Sie warmherziger und fürsorglicher hätten sein können. Schreiben Sie sie hier auf.

....

....

....

....

....

....

....

....

....

....

....

Es ist wichtig, nicht zu vergessen: in solchen schwierigen Momenten *macht* unser Kind es uns nicht einfach *schwer*, sondern in dem Augenblick *hat* es es selbst *schwer*. Es braucht unsere Hilfe, damit es sein Gehirn wieder integrieren kann.

Wie sieht Ihre nonverbale Kommunikation aus?

Wir haben in *Achtsame Kommunikation mit Kindern* die wichtige Rolle beschrieben, die die nonverbale Kommunikation bei der Strategie „Verbinden und Umleiten“ spielt. Viele von uns benutzen diese Kommunikationsart automatisch und ohne weiter darüber nachzudenken. Trotzdem: Wenn unsere nonverbale Kommunikation nicht im Einklang mit unserer verbalen Kommunikation steht, kann das sehr verwirrend für unsere Kinder sein.

Denken Sie über die Art und Weise nach, wie Sie nonverbale Kommunikation mit Ihrem Sohn einsetzen, wenn er emotional überwältigt ist. Denken Sie dabei ganz besonders daran, dass Ihr eigenes Verhalten die Verbindung zu ihm fördern oder aber hemmen kann, je nachdem, wie Sie mit der jeweiligen Situation umgehen.

In der nachfolgenden Tabelle haben wir acht verschiedene Arten der nonverbalen Kommunikation aufgeführt. Wir benutzen sie alle täglich. Überlegen Sie sich jetzt, wie die verschiedenen Ansätze für einen Verbindungsaufbau oder -abbruch sorgen, um besser zu verstehen, welchen Einfluss derartige Verhaltensnuancen auf unsere Kinder haben.

Beschreiben Sie kurz, was jede Version der nonverbalen Kommunikation Ihrem Kind vermittelt. Sie können sich folgende Fragen stellen: Wenn ich es so mache, wie sieht meine Tochter mich dann? Wie sieht sie sich selber? Wenn ich auf diese Weise mit ihr kommuniziere, fühlt sie sich dann von mir verstanden (oder nicht verstanden)? In der ersten Zeile geben wir Ihnen ein Beispiel, wie kleine Veränderungen Ihres Verhaltens einen großen Unterschied machen können.

Verbindungsaufbau	**Verbindungsabbruch**
Blickkontakt: *Mich auf die gleiche Augenhöhe wie mein Kind (oder am besten unterhalb seiner Augenhöhe) begeben und ihm in die Augen sehen, während ich mit ihm spreche. Das hilft ihm, sich sicher zu fühlen. So weiß er, dass ich keine Bedrohung darstelle.*	Blickkontakt: *Auf mein Kind herunterblicken lässt mich groß und imposant erscheinen. Was auch immer ich ihm aus dieser Position heraus sage, wirkt wie eine Bedrohung. Es wird instinktiv in die Defensive gehen.*
Gesichtsausdruck (Beispiel: „sanfter" Blick, entspanntes Gesicht)	Gesichtsausdruck (Beispiel: böser, aggressiver Blick, den Mund spitzen)
Stimmlage (Beispiel: sanft, beruhigend, leise)	Stimmlage (Beispiel: angespannt, laut, wütend)
Körperhaltung (Beispiel: entspannte Schultern, offene Hände, sich hinknien)	Körperhaltung (Beispiel: vor der Brust verschränkte Arme, Hände auf den Hüften, nach vorne beugen)

Verbindungsaufbau	Verbindungsabbruch
Gesten (Beispiel: sanfte Berührungen, umarmen)	**Gesten** (Beispiel: erhobener Zeigefinger, Arme anheben)
Zeitpunkt für die Antwort (Beispiel: das Kind ausreden lassen, bevor man selber spricht; fragen, bevor man antwortet)	**Zeitpunkt für die Antwort** (Beispiel: das Kind unterbrechen; lange, einschüchternde Pausen)
Intensität der Antwort (Beispiel: die Ruhe bewahren, Geduld haben)	**Intensität der Antwort** (Beispiel: schreien, weinen, hohe Intensität)
Körperbewegungen (Beispiel: näher an das Kind herangehen, entspannte Bewegungen, sich zu ihm herunterbeugen)	**Körperbewegungen** (Beispiel: schnell weggehen, mit dem Fuß stampfen, ruckartige Bewegungen)

Kinder sind überaus einfühlsam. Sie nehmen alles wahr, insbesondere wie wir auf sie reagieren. Wenn Sie diese Übung machen, werden Sie *sich selber mehr bewusst*, auf wie viele verschiedene Arten Sie mit Ihren Kindern nonverbal kommunizieren und wie jede davon einen Einfluss darauf hat, wie verbunden oder reaktiv sich Ihr Kind in dem Moment Ihnen gegenüber fühlt.

Trotzdem kann es manchmal schwierig sein, so auf unsere Kinder einzugehen, wie wir möchten, besonders wenn das Verhalten unserer Kinder irrational oder die Lösung zu ihren Problemen so offensichtlich scheint. Es sind solche Momente, in denen wir häufig den Fehler machen, zuerst umzuleiten, *bevor* wir eine Verbindung zu unseren Kindern herstellen, das heißt Probleme zu lösen, ohne ihre Gefühle wahrzunehmen oder Empathie für sie zu zeigen.

Zu verstehen, wie es ist, wenn eine solche Situation eintritt, hilft Ihnen dabei, diesen Fehler mit Ihrem Kind zu vermeiden. Die folgende Reflexion soll genau das bewirken.

Welche Reaktion wünschen Sie sich von anderen, wenn Sie aufgebracht sind?

Denken Sie an einen Moment zurück, an dem Sie aufgebracht waren und Schwierigkeiten hatten, mit einer bestimmten Situation umzugehen. Vielleicht hatte es mit Ihren Kindern zu tun oder vielleicht gab es einen Vorfall bei der Arbeit oder aber Sie hatten mit einem Menschen in Ihrem Umfeld eine Auseinandersetzung.

Stellen Sie sich jetzt vor, dass Sie einem nahestehenden Menschen, einer guten Freundin oder Ihrem Partner, davon berichten und dieser daraufhin mit Ihnen streitet oder Ihnen rät, sich nicht aufzuregen, oder versucht, Sie abzulenken, oder sagt, Sie seien einfach nur müde und mögen doch bitte das Ganze nicht so aufbauschen.

Lassen Sie eine solche Reaktion einige Minuten auf sich wirken. Nehmen Sie Ihre körperlichen Empfindungen wahr. Sind Ihre Kiefermuskeln angespannt? Kommen Tränen hoch? Was würden Sie erwidern? Machen Sie Ihre Einwände geltend? Werden Sie ruhig und möchten Sie sich zurückziehen? Können Sie diesem Menschen vertrauen, wenn Sie das nächste Mal aufgebracht sind? Fühlen Sie sich sicher und unterstützt? Oder fühlen Sie sich allein gelassen? Notieren Sie Ihre Gedanken und Antworten.

Stellen Sie sich jetzt die gleiche Situation vor, aber diesmal baut die Person, an die Sie sich wenden, eine Verbindung zu Ihnen auf. Sie hört Ihnen zu, tröstet Sie, erkennt Ihre Gefühle an. Und auch wenn das Problem nicht gelöst wird, können Sie sich durch eine solche Umgangsweise beruhigen und anfangen, das Problem selber anzugehen. Schreiben Sie jetzt auf, wie Sie sich nach einer derartigen Antwort fühlen, was Sie denken und wie Sie die Situation erleben würden.

Bagatellisiert Ihr Gegenüber Ihr Problem oder sagt Ihnen, wie es zu lösen ist, wenn Sie sich in dem Moment nur Empathie von ihm wünschen, führt das schnurstracks zu einem Verbindungsabbruch und noch mehr Reaktivität!

Wir wollen unseren Kindern eine auf Verbindung beruhende Antwort geben, aber das gelingt nicht immer. Es ist unmöglich, dass Eltern nicht ab und zu frustriert sind. Aber wenn Sie sich bewusst werden, was zu einem Verbindungsabbruch führt, können Sie kleine Veränderungen an Ihrer Reaktion vornehmen und das kann dann eine große Wirkung auf die Reaktion *Ihres* Kindes haben.

Was hält Sie davon ab, eine Verbindung zu Ihrem Kind aufzubauen?

Wenn es unsere Absicht ist, verbundene Eltern zu sein, was hält uns dann davon ab, es auch jedes Mal zu sein? Die Antworten auf diese Frage sind komplex und zahlreich. Wie sehen Ihre aus? Lassen Sie uns einen Blick darauf werfen.

Denken Sie zuerst an die Dinge, die Sie daran hindern, eine Verbindung zu Ihrem Kind herzustellen. Kommen Ihnen folgende Gründe eventuell bekannt vor?

- Schlafmangel
- Angst davor haben, das schlechte Verhalten zu verstärken
- Zu viel von Ihrem Kind in seinem Alter erwarten
- Angst davor haben, von Familienmitgliedern oder Fremden dafür kritisiert zu werden, zu autoritär oder zu nachgiebig zu sein
- Sich angesichts anderer Verpflichtungen (pünktlich zu sein, Ihr Programm zu absolvieren, sich um Ihre anderen Kinder zu kümmern) überwältigt fühlen

Dies sind nur einige Beispiele, die gelegentlich zu einem Verbindungsverlust zwischen Eltern und Kind führen. Was würden Sie dieser Liste hinzufügen? Anders ausgedrückt, wann war Ihr Kind das letzte Mal wütend und Ihre Reaktion hat dann dazu geführt, dass Sie beide sich nicht mehr miteinander verbunden fühlten und dadurch noch wütender waren? Notieren Sie die Ursache(n) für diesen Verbindungsverlust. Konzentrieren Sie sich hier nur auf *Ihre eigene* Reaktion, nicht auf das Verhalten Ihres Kindes.

Anzuerkennen, wie hektisch unser Leben ist und wie unsere eigenen Empfindlichkeiten unseren Zielen im Weg stehen, ist für viele Eltern ein Schlüsselerlebnis. Wir geben uns oft selber die Schuld, nicht das tun zu können, was wir tun sollten, ohne die zugrunde liegenden komplexen Ursachen zu verstehen, *warum* wir nicht das tun können, was wir tun wollen.

Durch diese Reflexionsübungen haben Sie den Blick nach innen auf die vielen subtilen Emotionen und Reaktionen gerichtet, die Sie vorher wahrscheinlich nicht bewusst wahrgenommen haben. Keine leichte Aufgabe! Nehmen Sie sich daher jetzt ein paar Minuten Zeit, um das anzuerkennen und sich selbst für Ihre Ehrlichkeit zu beglückwünschen.

Lassen Sie uns jetzt diese Einsicht, die nun zu Ihrem Werkzeugkasten gehört, mit der Strategie „Verbinden und Umleiten" anhand von Beispielen aus Ihrer familiären Situation mit der Strategie „Verbinden und Umleiten" verknüpfen.

Sich Verbindung vorstellen

Fangen wir mit einem hypothetischen Beispiel an. In der ersten Spalte in der unten stehenden Tabelle finden Sie ein Beispiel eines Problems, dem Sie als Eltern begegnen könnten: Ihre Tochter freut sich auf die Pyjama-Party und Sie haben bereits Pläne für den Abend gemacht. Als Sie aufbrechen wollen, weigert sie sich, weil sie Angst davor hat, woanders zu übernachten.

In der zweiten Spalte haben wir eine typische Elternantwort darauf gegeben, die nicht auf Verbindung basiert, sondern auf die *Bedürfnisse der Eltern* ausgerichtet ist. Die Reaktion des Kindes auf diese Methode ist in der dritten Spalte dargestellt.

Die vierte Spalte beschreibt, wie eine authentische Verbindung aussieht: Eltern ermöglichen ihrem Kind, sich gefühlt und gehört zu fühlen und wenden danach die Strategie „Umleiten" an. Die fünfte Spalte zeigt die Reaktion des Kindes auf eine solche Vorgehensweise.

Sie können Ihre eigenen Szenarien in die freien Kästchen eintragen. Notieren Sie in der ersten Spalte ein Erlebnis mit Ihren Kindern. Schreiben Sie dann auf, wie Sie normalerweise reagieren und wie Sie die Situation möglicherweise besser hätten handhaben können, wenn Sie sich *zuerst* auf Verbinden und auf Umleiten konzentriert hätten. Versetzen Sie sich in die Lage Ihres Kindes. Stellen Sie sich vor, wie es sich gefühlt haben muss und wie es auf eine andere Antwort von Ihnen reagiert hätte.

Situation, in der Ihr Kind aufgebracht ist	Typische Elternantwort	Wie sich Ihr Kind fühlt/verhält	Wie Verbinden und Umleiten aussehen	Wie sich Ihr Kind fühlt/verhält
Ihr Kind freut sich auf die Pyjama-Party, will dann aber in der letzten Minute nicht mehr bei der Freundin übernachten.	„Was?! Du hattest dich doch so auf die Pyjama-Party gefreut!“ oder „Ach, mach dir doch keine Sorgen. Du wirst viel Spaß haben!“	Ihre Tochter fühlt sich abgewiesen, denn ihre Eltern nehmen ihre Gefühle nicht ernst und bagatellisieren sie. Sie schaltet ab und weigert sich, bei der Freundin zu übernachten.	Ziehen Sie Ihre Tochter nah an sich heran; atmen Sie tief ein und sagen Sie: „Es sieht ganz so aus, als ob du es dir anders überlegt hättest.“ Erkennen Sie ihre Gefühle an, lösen Sie erst danach das Problem.	Ihr Kind fühlt sich verstanden und unterstützt. Sie kann sich beruhigen und über ihre Ängste reden.

Situation, in der Ihr Kind aufgebracht ist	Typische Elternantwort	Wie sich Ihr Kind fühlt/verhält	Wie Verbinden und Umleiten aussehen	Wie sich Ihr Kind fühlt/verhält

Je öfter Sie positive Reaktionen auf die Strategie „Verbinden und Umleiten“ bei Ihrem Kind sehen, desto öfter werden Sie sie anwenden. Und je öfter Sie sie anwenden, desto öfter wird sie Ihre Standardantwort werden, wenn Ihr Kind es schwer hat.

Bleiben Sie stecken, dann hilft es vielleicht, zu diesen Reflexionen zurückzukehren, während Ihre Vertrautheit mit der Strategie „Verbinden und Umleiten“ wächst. Wenden wir uns jetzt aber der nächsten Strategie für ein integriertes Gehirn zu.

2. Strategie für ein integriertes Gehirn: Benennen, um es zu zähmen

Für kleine Kinder sind nicht nur die „großen“ Traumata wie ein Autounfall oder der Tod der Großmutter überwältigend und beunruhigend, sondern auch die „kleinen“ Traumata wie ein Sturz auf dem Spielplatz oder das verlorene Lieblingsstofftier. Große Emotionen und körperliche Empfindungen können die rechte Hirnhälfte Ihres Kindes überfluten und es davon abhalten, sich zu beruhigen, oder es in seiner Angst festhalten.

Als Eltern sind wir oft versucht, solche Erlebnisse abzutun oder schönzufärben, insbesondere die, die uns klein scheinen („Hör auf zu weinen. Es ist alles in Ordnung!“). Stattdessen erinnern wir uns mit Hilfe der Strategie „Benennen, um es zu zähmen“ daran, dass das Geschichten-Erzählen unserem Sohn hilft, seine überflutete rechte Hirnhälfte zu besänftigen und auf seine logische linke Hirnhälfte zuzugreifen, um nach einem kleinen (oder großen) traumatischen Erlebnis das Erlebte zu integrieren und zu ordnen.

2. Strategie

Statt Ablehnen und Leugnen …

… versuchen Sie: Benennen, um es zu zähmen

Die Geschichten unserer Kinder müssen sowohl die Logik und Worte der linken Hemisphäre, als auch die Fähigkeit der rechten Hemisphäre enthalten, Emotionen, Kontext und Sinn wahrzunehmen, damit wir sie zurück zu einem Zustand führen können, in dem sie in der Lage sind, Probleme zu lösen, Strategien zu entwickeln und ein Gefühl der Kontrolle über die Situation zu haben.

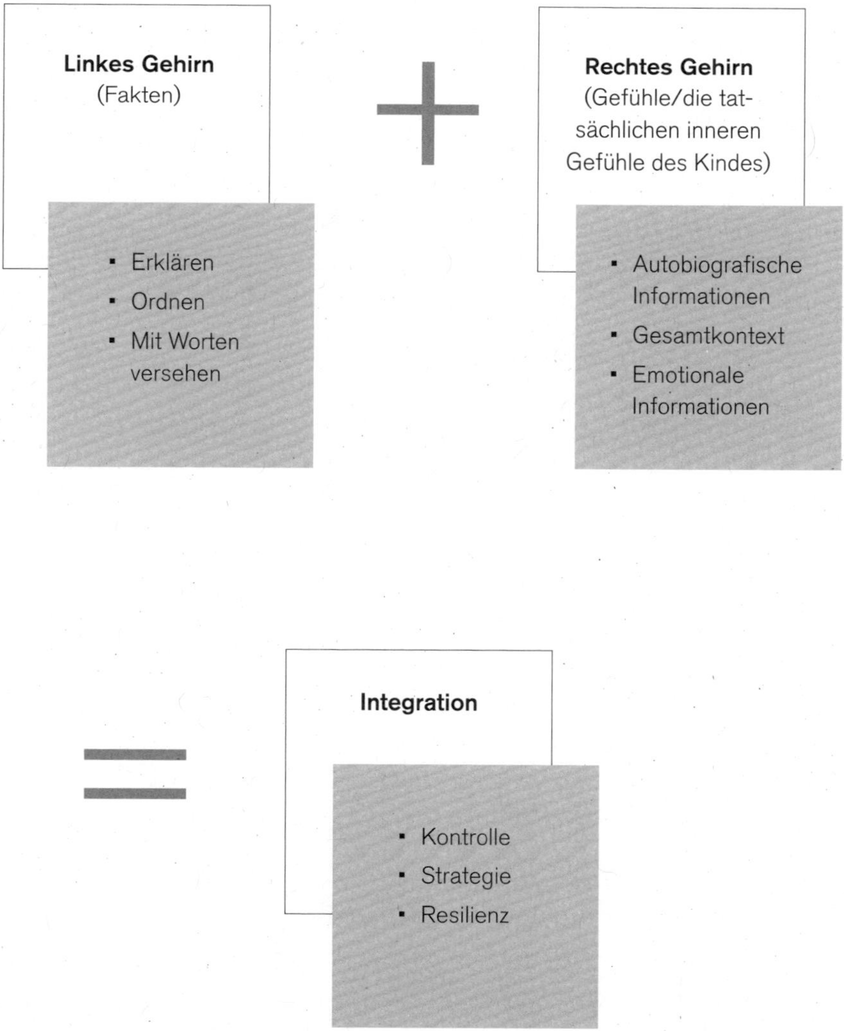

Wohin tendiert Ihr Gehirn – nach rechts oder links?

Am Anfang des Kapitels haben wir Sie gefragt, ob Sie eher mit Ihrem linken oder Ihrem rechten Gehirn antworten, wenn Ihr Kind aufgebracht ist. Lassen Sie uns jetzt untersuchen, wie linkshirn- oder rechtshirndominant Sie sind.

Konzentrieren Sie sich in Ihrem Leben außerhalb der Elternrolle jemals nur auf Fakten und entwerfen Strategien, ohne Ihre Gefühle zu respektieren? Neigen Sie bei Problemen zu einer Muss-ich-hinkriegen-Einstellung? Falls ja, dann sind Sie wahrscheinlich eher linkshirndominant.

Oder werden Sie häufig von Emotionen übermannt, wenn Sie auf innere und äußere Situationen reagieren? Empfinden Sie Empathie für andere und passen Sie Ihre eigenen Emotionen an deren Emotionen an und manchmal sogar über ein gesundes und nützliches Maß hinaus? Lautet Ihre Antwort Ja, dann sind Sie vermutlich eher rechtshirndominant.

Beschäftigen Sie sich nun etwas eingehender mit dieser Frage. Reagieren Sie in Ihrem Leben insgesamt eher mit Ihrem linken oder mit Ihrem rechten Gehirn?

....

....

....

....

....

....

....

....

Wodurch wird Ihre Reaktion auf die Emotionen Ihrer Kinder beeinflusst?

Woher kommen Ihre typischen Reaktionen? Wenn Sie an Ihre eigene Kindheit zurückdenken, wie wurde in Ihrer Familie mit Gefühlen umgegangen? Wurden Ihre Emotionen abgetan oder wurden Sie dafür von Ihren Eltern beschämt, damit Sie sie beim geringsten Anzeichen verbergen konnten? Oder lebten Ihre Bezugspersonen inmitten einer emotionalen Flut und benötigten Sie deswegen manchmal Schutz vor dem Sturm Ihrer Gefühle?

Wie reagierten Ihre Bezugspersonen, was funktionierte und was nicht? Notieren Sie Ihre Erinnerungen.

Vergleichen Sie nun die Art, wie man auf Sie reagierte, als Sie als Kind wütend waren, mit der Art, wie Sie auf Ihre eigenen Kinder reagieren, wenn diese zu kämpfen haben. Unsere eigenen Kindheitserfahrungen beeinflussen letztendlich unsere eigenen Erziehungsmethoden. Als Erwachsene wollen wir entweder alles anders als unsere Eltern machen oder aber wir wollen ihrem Beispiel folgen. Das Verhalten unserer Kinder kann viele ungelöste Konflikte an die Oberfläche bringen, die uns zuweilen daran hindern, die Eltern zu sein, die wir sein möchten.

Welche Ähnlichkeiten stellen Sie zwischen Ihrer eigenen Reaktion und der Ihrer Eltern auf große Emotionen fest? Und wo machen Sie es anders, wenn es schwierige Situationen gibt?

....

....

....

....

....

Ein solches Auf-den-Grund-Gehen Ihrer eigenen Gefühle und Erfahrungen ist sehr wichtig – für Sie und für Ihre Kinder. *Der beste Anhaltspunkt dafür, wie gut Kinder sich in Bezug auf ihr Bindungsverhalten entwickeln, ist, wie ihre Eltern ihre eigene Geschichte verstehen und diese Lebensgeschichte erzählen können.* Solche Erzählungen offenbaren unsere mentalen Modelle oder Schemata der Funktionsweise von Beziehungen. Diese Modelle basieren auf vergangenen Beziehungen und bestimmen, wie wir in gegenwärtigen Beziehungen zu unseren Partnern, Verwandten, Freunden und Kindern funktionieren.

Je mehr wir über uns selber und unsere Vergangenheit mit unseren eigenen Eltern nachdenken und uns und sie verstehen, desto besser verstehen wir, warum wir so auf unsere Kinder reagieren, wie wir reagieren. (Apropos, dieses Konzept ist ein zentrales Thema in Dans Buch *Gemeinsam leben, gemeinsam wachsen*, das er zusammen mit Mary Hartzell geschrieben hat. Wenn Sie sich gerne näher mit diesen Konzepten befassen und Ihre eigene Lebensgeschichte verstehen möchten, dann ist dieses Buch eine sehr gute Quelle.)

Wie sehr fühlen Sie sich als Mutter oder Vater unterstützt?

Fühlen Sie sich durch andere Erwachsene im Umfeld Ihrer Kinder unterstützt, wenn Sie versuchen, eine Verbindung zu Ihren Kindern herzustellen und fürsorglicher und empfänglicher in schwierigen Momenten für sie zu sein? Denken Sie an Ihren Partner oder Ihre Partnerin, Ihre Eltern, die angeheirateten Verwandten und andere Menschen in Ihrem Leben. Wie sehr sehen Sie sich als Teil eines Teams von Bezugspersonen, die alle darauf hinarbeiten, sich mit beständiger Liebe um Ihre Kinder zu kümmern?

....

....

....

....

....

....

Je nachdem wie Ihre Antworten aussehen, möchten Sie diesen eventuell gemeinsam mit den anderen Bezugspersonen Ihres Kindes näher auf den Grund gehen. Sich seiner verschiedenen Gefühle gegenüber den emotionalen und verhaltensbezogenen Problemen Ihrer Kinder bewusst zu werden, ist ein wichtiger Schritt auf dem Weg zur Fähigkeit, sich auf Ihr Kind einzustimmen, ohne den Moment mit Ihren eigenen emotionalen Reaktionen und Bedürfnissen ungünstig einzufärben.

Kinder mit einem integrierten Gehirn

Wie Sie wissen, beinhaltet *Achtsame Kommunikation mit Kindern* viele Illustrationen unter der Rubrik „Kinder mit einem integrierten Gehirn". Sie sollen Eltern helfen, ihren Kindern die Schlüsselkonzepte des Buches besser zu vermitteln. Eine davon stellt dar, wie das kindliche Gehirn von Emotionen überflutet wird und warum das Geschichten-Erzählen und Sprechen darüber beruhigend sein kann.

Hier ist sie noch einmal, damit Sie sie gemeinsam mit Ihren Kindern lesen können.

Kinder mit einem integrierten Gehirn: Wie Sie Ihren Kindern etwas über die beiden Seiten des Gehirns erzählen

Deine linke und rechte Hirnhälfte

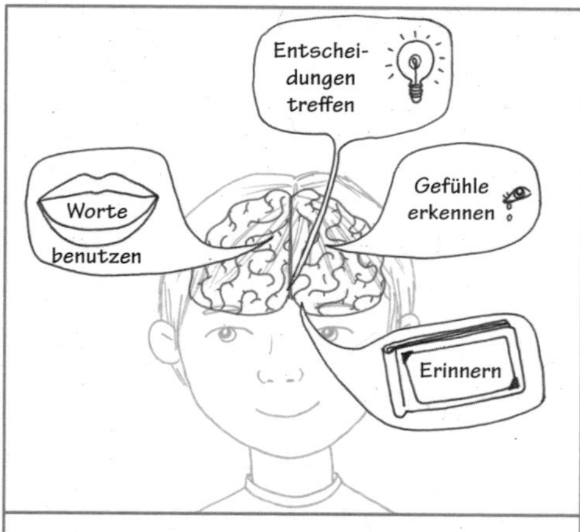

Weißt du, dass dein Gehirn viele Teile hat, die alle ganz unterschiedliche Dinge tun? Es ist fast so, als hättest du verschiedene Gehirne, die alle einen eigenen Willen haben. Aber wir können dafür sorgen, dass sie alle miteinander auskommen und sich gegenseitig helfen.

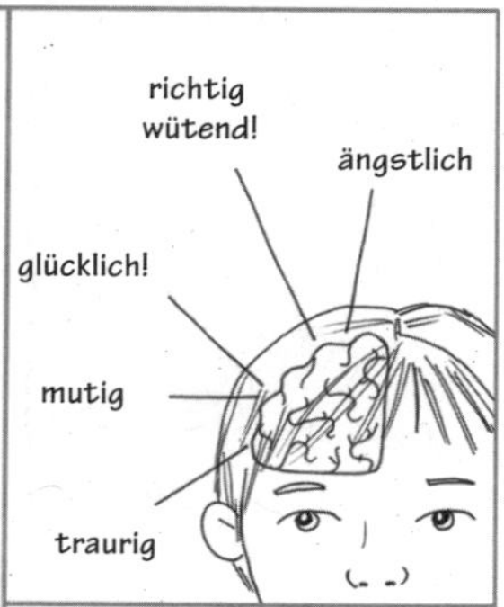

Unsere rechte Hirnhälfte hört auf unseren Körper und auf andere Teile des Gehirns und kennt unsere starken Gefühle, wenn wir zum Beispiel glücklich, mutig, ängstlich, traurig oder richtig wütend sind. Es ist wichtig, dass wir auf diese Gefühle achten und darüber sprechen.

Manchmal sind wir verärgert und reden nicht darüber. Dann kann das Gefühl in uns immer stärker werden, wie eine große Welle, die uns mitreißt. Dann sagen oder tun wir etwas, das wir eigentlich nicht wollen.

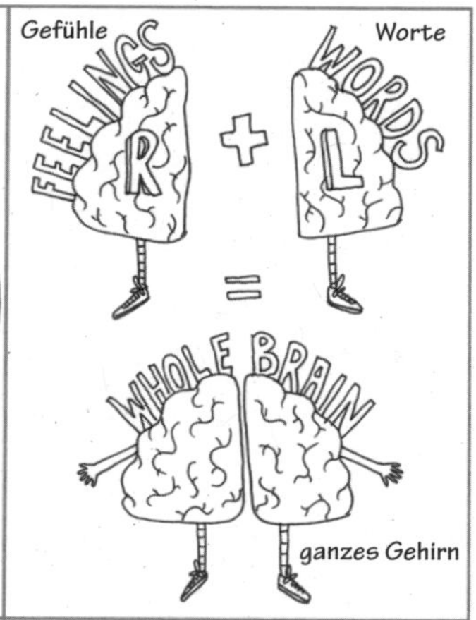

Aber die linke Hirnhälfte kann uns helfen, unsere Gefühle zu benennen. Dann kann unser ganzes Gehirn als Team zusammenarbeiten und wir beruhigen uns.

Ein Beispiel:

Annie wurde krank und konnte nicht zur Geburtstagsparty ihrer Freundin. Sie war so verärgert darüber, zu Hause bleiben zu müssen, dass eine starke Welle der Wut sie förmlich mitzureißen drohte.

Annies Vater half ihr, über ihre Gefühle zu sprechen.

Als sie Worte benutzte, um über ihre Gefühle zu sprechen, half ihr die linke Hirnhälfte auf der großen Welle der Wut zu surfen, und sie gelangte ruhig und glücklich ans Ufer.

Ein beunruhigendes oder verwirrendes Erlebnis in einen Kontext für das Kind zu setzen und ihm die Worte zu geben, um auf seine Gefühle zuzugreifen und zu erklären, verschafft ihm Zugang zu seinem ordnenden linken Gehirn und beruhigt sein emotionales rechtes Gehirn.

Erzähl mir eine Geschichte

Wenn Sie Ihr Kind durch ein schwieriges Erlebnis begleiten, hilft es ihm am meisten, eine Geschichte über das Erlebte oder Zukünftiges, das ihm Angst macht, zu erzählen. Geht es um beständigere Ängste und Sorgen, ist ein selbst gemachtes Bilderbuch sehr nützlich, um über das Erlebnis (Worte vom linken Gehirn) und die Gefühle und den Zusammenhang zwischen den verschiedenen Aspekten seines Lebens (die reichen Emotionen und der Kontext vom rechten Gehirn) mit Ihrem Kind zu sprechen. Das zähmt die Reaktivität der rechten Hirnhälfte. Zu einem Erlebnis, das Bilder und starke Emotionen erzeugt, welche ihr Kind nicht versteht, fügen Sie lineare Sprache, um es zu erklären, damit die Geschichte eine integrierte Erfahrung wird.

Sie können ein solches Bilderbuch so einfach oder vielschichtig gestalten, wie Sie möchten. Bevor Tinas jüngster Sohn in die Vorschule kam, hat sie eines für ihn gemacht. Der erste Vorschultag kann für ein kleines Kind beängstigend sein und sie wollte, dass er sich so wohl wie möglich und wie Zuhause fühlte, wenn er zum ersten Mal sein neues Klassenzimmer betrat. Also besuchten die beiden vorher die Vorschule und machten Fotos vom Klassenzimmer, Spielplatz, von den Lehrern und sogar den Toiletten! Sie kopierten die Fotos in eine Datei, die Tina ausdruckte und mit einer Schnur einband.

Wenn sich ihr Sohn J. P. an den Tagen vor der Einschulung Sorgen machte oder Fragen über die Vorschule hatte, lasen beide „J. P. kommt in die Schule“. Sie sahen sich jede Seite an und Tina las ihm die einfachen Beschreibungen zu jedem Foto vor. Auf der ersten Seite macht sich J. P. mit der Vorstellung vertraut, sich auf die Vorschule vorzubereiten.

> *Heute fängt für J. P. die Schule an. Es ist sein erster Schultag! Er wird viele spannende Dinge lernen und mit seinen Freunden spielen. Zuerst macht sich J. P. für die Schule bereit. Er frühstückt, dann putzt er sich die Zähne. Er sucht sich aus, was er anziehen will, und zieht sich dann ganz alleine an. Er ist schon ein großer Junge!*

Das Buch fährt fort mit weiteren Details über seine Morgenroutine. Es enthält autobiografische Informationen und Kontext und hebt auch die Gefühle und Emotionen seiner rechten Hirnhälfte hervor.

> *Manchmal ist J. P. traurig, wenn Mama und Papa sich verabschieden, aber er ist auch mutig. Wenn er traurig ist, kann er sich seinen Tattoo-Aufkleber auf dem Arm ansehen, um sich daran zu erinnern, dass Mama und Papa ihn bald abholen werden. Er kann sich auch an seine Lehrerinnen wenden, wenn er Hilfe oder Trost braucht. Dann fühlt sich J. P. besser und kann wieder mit seinen Freunden spielen.*

Am Ende des Buches gibt Tina ihrem Sohn das Gefühl der Kontrolle über sein Erlebnis:

> *Am Ende jeden Schultages kommt J. P. nach Hause und erzählt Mama, Papa und seinen großen Brüdern von seinem Tag! Wir freuen uns immer sehr darauf zu hören, wie dein Tag war!*

J. P.s Buch enthielt auch Einzelheiten darüber, wie seine Morgenroutine in der Schule aussah, was er während des Tages in der Klasse tat, Fotos von seinen Lehrerinnen und vom Klassenzimmer und worauf er sich freuen konnte, wenn Mama und Papa ihn am Nachmittag wieder abholten.

Es ist ganz normal, dass Kinder Angst haben, aber nicht wirklich verstehen, wovor sie Angst haben und wie sie darüber sprechen können. Wir müssen auf unsere Kinder eingestimmt sein, um ihre Ängste zu verstehen und ihnen dabei zu helfen, ihre Emotionen in Worte zu fassen. So helfen wir ihnen, sie zu zähmen und zu integrieren. Wenn Sie sich mit Ihren Kindern hinsetzen und gemeinsam ihr Buch so oft lesen, wie sie möchten, helfen Sie ihnen, ihre Sorgen über die neue Schule oder den Besuch des Weihnachtsmannes in einem sicheren Umfeld zu verarbeiten – gemeinsam mit einem Erwachsenen, der sie versteht und unterstützt.

Wenn Sie mit Ihrem Kind ein solches Bilderbuch machen wollen, suchen Sie sich ein Erlebnis aus, das ihm Stress, Angst, Unbehagen oder Schmerzen bereitet und es unglücklich macht. Vielleicht ist es der bevorstehende Arzttermin oder die Ankunft des neuen Geschwisterchens. Oder vielleicht gibt es ein vergangenes Erlebnis, das es immer noch bedrückt. Zur Erinnerung: Was für Sie ein spannendes oder gewöhnliches Ereignis sein mag, kann die Ursache großer, negativer Emotionen für Ihr Kind sein und es kann seine Emotionen vermutlich nicht verstehen oder zum Ausdruck bringen.

Sie können Fotos für Ihr Buch benutzen oder Strichmännchen hineinzeichnen. Sie können es selber aufschreiben oder abtippen und ausdrucken. Es kann so viele oder wenige Seiten haben, wie Sie brauchen, um die Geschichte im Detail zu erzählen. Sein Aussehen ist weniger wichtig als sein Inhalt und die Emotionen, die sie in ihm verarbeiten. Einfache Sätze und ein klein wenig Detektivarbeit, um die Seele Ihres Kindes zu verstehen, werden es zu einem Buch machen, mit dessen Hilfe Ihr Kind die emotionale Flutwelle hinter sich lässt, um souverän auf den emotionalen Wellen zu surfen.

Die Strategie „Benennen, um es zu zähmen" betont drei grundlegende Prinzipien des Geschichten-Erzählens:

1. Die Fakten. *Beschreiben Sie die Informationen der linken Hirnhälfte, damit das, was tatsächlich passiert ist, auch verstanden wird.*
2. Die Gefühle Ihres Kindes. *Gehen Sie der inneren Erfahrung Ihres Kindes auf den Grund, wie auch immer diese aussehen mag. Befassen Sie sich nicht nur mit der schöngefärbten Variante.*

3. Eine bejahende Botschaft. *Geben Sie Ihrem Kind etwas, das es tun kann, um sich besser zu fühlen und die Kontrolle wiederzugewinnen. Das kann ein Hilfsmittel zur Emotionsregulation sein (wie J. P.s Tattoo-Aufkleber und das Wissen, dass er mit seiner Lehrerin sprechen konnte).*

Ihr Kind wird dieses Buch vielleicht immer wieder lesen wollen. Es kann genau das sein, was Sie brauchen, um ein Gespräch mit Ihrem Kind über die Situation und die Gefühle angesichts der Erfahrung anzufangen und Ihr Kind darin zu bestärken, mit den schwierigen Emotionen erfolgreich umzugehen. Es kann der Ausgangspunkt dafür sein, ein tieferes Verständnis für Ihr Kind zu entwickeln und ihm dabei zu helfen, sein Wohlbefinden wiederzufinden.

Und genau das ist das Schöne, wenn wir mit eingestimmter Verbindung die Bedürfnisse des linken und des rechten Gehirns unserer Kinder ansprechen. Dadurch werden wir zum Wegbegleiter, den sie brauchen, um letztlich ihre eigenen Emotionen zu verstehen und zu beschwichtigen.

KAPITEL 3

Die Treppe des Geistes bauen

Das obere und untere Gehirn integrieren

> *Das Ziel der Eltern sollte also sein, die metaphorische Treppe zu bauen und zu erhalten, die das untere und obere Gehirn des Kindes miteinander verbindet, damit beide als Team zusammenarbeiten können.*
>
> Achtsame Kommunikation mit Kindern

Unter den vielen Fertigkeiten, die Eltern ihren Kindern mit auf den Weg geben möchten, stehen folgende ganz oben auf der Liste: impulsives Verhalten regulieren, große Gefühle beruhigen und die richtigen Entscheidungen treffen. Da der Bereich des Gehirns, der diese Funktionen steuert, erst im Alter von Mitte zwanzig vollständig ausgebildet ist, müssen Eltern wissen, *was* genau sie Ihrem Kind vermitteln, *wann* sie es tun und *wie viel* ihr Kind im jeweiligen Moment aufnehmen kann.

In *Achtsame Kommunikation mit Kindern* haben wir das Gehirn mit einem Haus verglichen, in dem es ein oberes und ein unteres Stockwerk gibt, die beide durch eine Treppe miteinander verbunden sind.

Die Aufgaben des unteren Gehirns sind primitiver und umfassen oft Grundbedürfnisse und Instinkte. Das obere Gehirn ist dagegen höher entwickelt und für viele der Eigenschaften und Verhaltensweisen verantwortlich, die wir uns für unsere Kinder wünschen.

Unteres Gehirn	Oberes Gehirn
Reaktion Kampf/Flucht/Erstarren	Kluge Entscheidungsfindung und umsichtiges Planen
Autonome Funktionen (atmen, blinzeln, Instinkte)	Ausgleich zwischen Emotionen und Körper
Sensorisches Gedächtnis	Empathie
Starke Emotionen (Furcht, Wut, Aufregung)	Logische Erklärungen
Erst handeln, dann denken	Moral

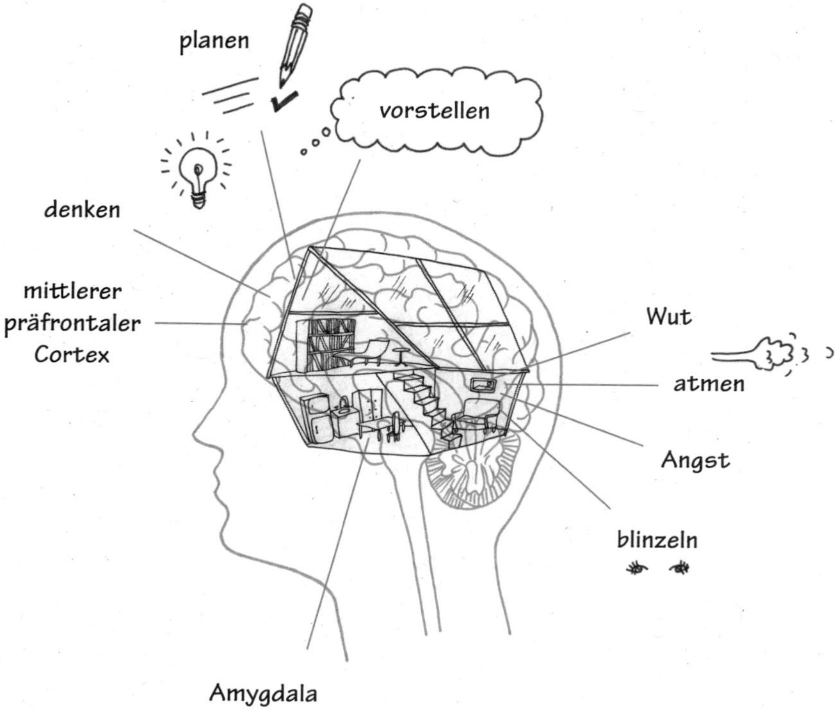

Sind beide Bereiche des Gehirns integriert, können wir komplexe Aufgaben erledigen – wie beispielsweise vor dem Handeln über die Konsequenzen nachzudenken, die Gefühle des anderen zu berücksichtigen und moralische oder ethische Urteile zu treffen.

Wir dürfen aber nicht vergessen, dass dieses obere Gehirn erst im Alter von Mitte zwanzig vollständig ausgereift ist. Das bedeutet, es funktioniert manchmal eben nicht reibungslos. Wir sollten daher von Kindern und Jugendlichen nicht erwarten, ihren Körper, ihre Emotionen und Handlungen genauso regulieren zu können wie Erwachsene. Ehrlich gesagt fehlt auch vielen Erwachsenen mit einem eigentlich voll entwickelten oberen Gehirn oft die Übung, dieses zu benutzen, und sie haben daher Schwierigkeiten, die damit verbundenen Fertigkeiten auch anzuwenden!

Welche Erwartungen haben Sie an Ihre Kinder?

Sprechen wir ein wenig darüber, was es heißt, eine ehrliche Bestandsaufnahme unserer bewussten und unbewussten Erwartungen zu machen, damit wir unsere Vorstellung von dem, wozu unsere Kinder realistisch in der Lage sind, dementsprechend anpassen können.

Wenn Sie sich Ihre Erwartung an Ihren Sohn und Ihre Reaktion auf ihn näher ansehen, wie oft geben Sie ihm dann die Schuld für sein schlechtes Benehmen? Gibt es Momente, in denen Sie annehmen, der Grund für sein schlechtes Benehmen seien Charakterfehler oder etwas stimme mit ihm nicht? Glauben Sie manchmal, dass er sich einfach nicht gut benehmen will?

Hier ist eine Möglichkeit, das Verhalten eines Kindes zu beschreiben, das seine Hausaufgaben nicht machen will.

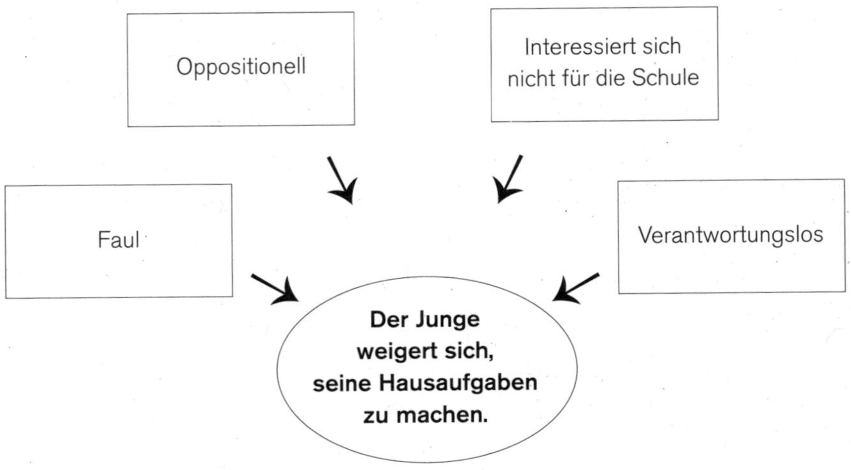

Wenn wir uns das Verhalten aber mit unserem Wissen über das Gehirn anschauen, könnten wir sein Verhalten auch folgendermaßen deuten:

Seine Lehrer beschämen ihn wegen seiner Fehler; er hat sein Vertrauen in seine eigenen Fähigkeiten verloren (das macht sein unteres Gehirn wütend und führt dazu, dass er sich nicht mehr am Unterricht beteiligt).

Zu viele Hausaufgaben überwältigen ihn; seine Amygdala wird durch neue Hausaufgaben aktiviert und löst entweder einen reaktiven Modus oder ein Abschalten aus.

Der ältere Bruder ist sehr gut in der Schule; jetzt fühlt er sich unter Druck gesetzt, genauso gut zu sein (die Vergleiche seiner Eltern machen sein unteres Gehirn wütend).

Er ist hungrig oder müde, er hatte nicht genug Zeit zum Spielen und braucht mehr Bewegung; er kann sich daher nicht konzentrieren.

Der Junge weigert sich, seine Hausaufgaben zu machen.

Gibt es Zeiten, an denen Sie zu viel von Ihrem Kind erwarten? Für kleinere Kinder können das Situationen sein, wie die ganze Mahlzeit hindurch still zu sitzen, mit anderen zu teilen oder mit einem beängstigenden Umstand umzugehen. Für ältere Kinder sind es eher Faktoren, wie die Hausaufgaben gut zu organisieren oder im Voraus zu planen, Emotionen zu kontrollieren, Ängste zu bewältigen oder Geduld im Umgang mit den Geschwistern zu zeigen. Erstellen Sie eine Liste Ihrer unrealistischen Erwartungen. Bedenken Sie dabei insbesondere die Tatsache, dass das obere Gehirn noch nicht vollständig ausgereift ist. Schreiben Sie einen oder zwei erklärende Sätze zu jeder Erwartung auf.

Halten Sie fest, wie Sie jetzt, da Sie über Ihre Erwartungen nachgedacht haben, auf das Verhalten Ihres Kindes eingehen können. Statt von Ihrem zweijährigen Sohn zu erwarten, während einer ganzen Mahlzeit still zu sein und nicht zu stören, geben Sie ihm ein Malbuch oder Knete. Bei Ihrer älteren Tochter könnten Sie zum Beispiel regelmäßig nachfragen, wie es mit den Hausaufgaben klappt, und ihr erklären, wie sie einen Planer benutzen und ihre Hausaufgaben besser organisieren kann. Notieren Sie nun zwei oder drei Strategien.

Überlegen Sie sich, wie Sie sich bei Ihren neuen Erwartungen selber unterstützen können. Vielleicht bitten Sie Ihren Partner um Mithilfe oder Sie geben sich morgens mehr Zeit, um Stress zu reduzieren, oder Sie fragen eine Nachbarin, ob sie sich gegenseitig bei der Kinderbetreuung helfen könnten. Schreiben Sie einige Maßnahmen auf.

Wenn Eltern ein besseres Verständnis von der kindlichen Entwicklung und der Entwicklung des kindlichen Gehirns haben und dadurch eher realistische und altersgerechte Erwartungen an ihre Kinder stellen, bedeutet das weniger Machtkämpfe und Fehlverhalten.

Wenn Sie wissen, welche Fertigkeiten Ihre Tochter noch nicht entwickelt hat, werden Sie besser verstehen, dass ihr „Ausagieren" in Wirklichkeit ein Zeichen ist, dass es ihr schwerfällt, das Erwartete zu erreichen, und dass sie Hilfe benötigt.

Das heißt selbstverständlich nicht, dass Sie schlechtes Benehmen jetzt einfach ignorieren. Das Wissen, wie das obere und das untere Gehirn arbeiten, gibt Eltern eine wirksame Strategie an die Hand, um in der Hitze des Gefechts, bei einem Wutanfall zum Beispiel, eine Antwort parat zu haben.

Auf Wutanfälle reagieren

Wenn Wutanfälle stattfinden – und das werden sie –, wenden viele Eltern sofort die Methode „Befehlen und Fordern" an: *„Hört sofort auf, euch zu streiten! Und lass jetzt deine Schwester mal mit dem Ball spielen!"*

So auf einen Wutanfall zu reagieren, aktiviert allerdings das untere Gehirn Ihres Kindes und resultiert in einem Machtkampf. Ihr Sohn fühlt sich unverstanden und Sie bringen ihm bei, dass er durch Forderungen das bekommt, was er haben will.

Der Umgang mit einem Wutanfall ist sehr viel wirksamer, wenn Sie zuerst die Natur des Wutanfalls und dessen Ursprung im oberen oder im unteren Gehirn verstehen.

Eigenschaften eines oberen Wutanfalls

- Bewusste Entscheidung, sich auszuagieren und auf die Knöpfe der anderen zu drücken
- Strategischer, manipulativer Versuch, die Situation zu kontrollieren
- Man kann mit dem Mädchen vernünftig reden, sie kann Entscheidungen treffen und ihre Emotionen regulieren.
- Das Mädchen hört sofort auf, wenn ihre Forderungen erfüllt werden.

Anmerkung: Sehr kleine Kinder haben solche oberen Wutanfälle nicht, denn sie verfügen noch nicht über die dafür benötigten neuronalen Strukturen.

Eigenschaften eines unteren Wutanfalls

- Stresshormone überfluten den Körper und beeinträchtigen die Funktionsweise des oberen Gehirns.
- Kontrollverlust über Körper und Emotionen, begleitet von einem hohen Niveau an Stress
- Der Junge ist nicht in der Lage, Entscheidungen zu treffen, und man kann nicht vernünftig mit ihm reden.

Wie Sie sehen, finden verschiedene Prozesse im Körper und Gehirn Ihres Kindes statt, je nachdem, um welche Art von Wutanfall es sich handelt. Viele von uns reagieren gewöhnlich automatisch, wenn unsere Kinder ausrasten: Wir rasten ebenso aus!

Mit ein wenig Übung können wir lernen, liebevoll zu antworten und zur Beruhigung der Situation beizutragen, statt nur zu reagieren, wenn unsere Kinder Probleme damit haben, die richtigen Entscheidungen zu treffen und ihre Emotionen zu regulieren.

Wie reagieren Sie auf Wutanfälle?

Lesen Sie sich bitte die nachfolgenden Beispiele durch und denken Sie an Ihre eigene Reaktion auf solche Situationen. Seien Sie so ehrlich wie möglich. Nehmen Sie sich Zeit, sich jede Situation bildlich vorzustellen, besonders dann, wenn Sie Ihnen bekannt vorkommt. Notieren Sie Ihre übliche Reaktion (*verhandeln, bitten, nachgeben*), nehmen Sie dabei aber auch jegliche aufkommenden Gefühle, Gedanken und körperlichen Empfindungen wahr. Beißen Sie die Zähne aufeinander? Schlägt Ihr Herz schneller? Halten Sie in der rechten Spalte fest, wie Sie in solchen Momenten reagieren.

Es gibt keine falschen Antworten. Sie sind hier nur Ihren automatischen und gewohnheitsmäßigen Reaktionen auf die reaktiven Momente Ihres Kindes auf der Spur. Fallen Ihnen bestimmte Wutanfälle ein, die noch nicht so lange zurückliegen, dann benutzen Sie diese gerne anstelle der unten aufgeführten Beispiele.

Beispiel für einen Wutanfall	**Ihre typische Reaktion**
Ihr kleiner Sohn wird im Park wütend und schlägt einen anderen Jungen, weil er ihn nicht mit seinen Sandkastenförmchen spielen lässt.	

Beispiel für einen Wutanfall	**Ihre typische Reaktion**
Sie bitten Ihren Sohn, sein Videospiel auszuschalten. Er wird sehr wütend und sagt, dass er Sie hasst.	
Sie bitten Ihre Tochter, vor dem Abendessen nicht mehr mit ihren Spielsachen zu spielen, aber sie hört nicht auf Sie. Als Sie darauf bestehen, fängt sie an zu weinen und wirft die Spielsachen auf den Boden.	
Ihre Tochter ist sehr wütend, weil sie unbedingt neue Schuhe haben will.	
Ihr Sohn lässt Sie nicht los und weint, als Sie ihn zur Ferienfreizeit bringen.	

Haben Sie in bestimmten Situationen mehr Geduld als in anderen? Haben bestimmte Wutanfälle Sie wütender gemacht als andere? Sprechen Sie mit sich selber, wenn Ihr Kind einen Wutanfall hat? (*Jetzt geht das schon wieder los. Warum macht sie das immer wieder?*) Welche Wertungen geben Sie über Ihr Kind ab (*Er ist so verwöhnt.*)? Je bewusster Sie sich über Ihre eigenen Gefühle werden, desto absichtsvoller können Sie auf zukünftige Wutanfälle eingehen. Schreiben Sie auf, was Ihnen aufgefallen ist.

....

....

....

....

....

....

....

....

....

Sie haben über Ihre eigenen Gedanken und Wertungen nachgedacht. Überlegen Sie sich nun, *wie effektiv* Ihre typische Reaktion ist. Sorgt Ihre typische Reaktion auf einen kindlichen Wutanfall dafür, dass Sie und Ihr Kind sich hinterher ruhig und verbunden oder aber aufgebracht, abgekämpft und nicht verbunden fühlen?

Was könnten Sie ändern, damit Ihre Reaktion auf den kindlichen Wutanfall positiver für Sie beide ist? (Weniger schreien? Die eigenen Emotionen besser regulieren? Akzeptieren, dass man nicht jedes Problem lösen kann? Die negativen Emotionen Ihrer Kinder akzeptieren und während ihrer schwierigen Momente ruhig und gegenwärtig bleiben?)

Welche Hilfe würden Sie benötigen, um diese Veränderungen vorzunehmen (*Mit jemandem über Ihren Stress reden? Sich der Auslöser der eigenen Wut bewusst werden? Mehr Schlaf?*)

....

....

....

....

....

....

....

....

....

....

....

....

....

....

....

Viele Eltern denken hier zum ersten Mal darüber nach, welche Auswirkungen ihre *eigene* Reaktion auf einen kindlichen Wutanfall hat. Ist sie beruhigend oder wird Öl ins Feuer gegossen, weil sie das untere Gehirn des Kindes aktiviert? Und das führt uns ohne Umschweife zur nächsten Strategie für ein integriertes Gehirn.

3. Strategie für ein integriertes Gehirn: Begegnen statt erzürnen

Sie erinnern sich vielleicht noch daran, dass wir in *Achtsame Kommunikation mit Kindern* die Wichtigkeit hervorgehoben haben, das obere Gehirn Ihres Kindes anzusprechen, statt das untere Gehirn zu verärgern. Haben Sie diese Strategie erst einmal verstanden, können Sie Trotzanfälle vermeiden und Ihrer Tochter Fertigkeiten beibringen, wie Kompromisse zu schließen, zu kommunizieren und richtige Entscheidungen zu treffen.

Dazu müssen Sie sich bewusst entscheiden, welchen Bereich des kindlichen Gehirns Sie ansprechen wollen, wenn Ihre Tochter es schwer hat. Bieten Sie ihr in einer solchen Situation zuerst Verbindung an (denken Sie an die Strategie „Verbinden und Umleiten“) und zeigen Sie Mitgefühl und Verständnis, wird sie sich unterstützt fühlen, sie wird ihre Defensivposition aufgeben und eher in der Lage sein, das Problem gemeinsam mit Ihnen zu lösen. Wenn Sie Ihre Tochter bitten, über die Situation nachzudenken oder sich eine Lösung zu überlegen, sprechen Sie Ihr oberes Gehirn an und helfen ihr dabei, zu einem integrierten Zustand zurückzukehren. Vergessen Sie bitte nicht, dass ihr denkendes Gehirn nicht sehr gut arbeitet, wenn sie sich in einem Zustand der Auflösung befindet. Sie braucht in dem Fall zuerst Ihre Hilfe, um sich zu beruhigen.

3. Strategie

Statt das untere Gehirn zu verärgern …

… das obere Gehirn ansprechen

Was löst in Ihren Kindern Trotzanfälle aus?

Denken wir jetzt ein wenig darüber nach, warum unsere Kinder überhaupt ausrasten. Kennen wir die Ursache, können wir ihnen besser dabei helfen, erfolgreich mit derartigen Ausbrüchen umzugehen.

Welche Umstände führen bei Ihrem Kind gewöhnlich zu trotzigem Verhalten? Gibt es innere Auslöser wie Hunger, Schlafmangel, Krankheit? Gibt es bestimmte Menschen, die ihrem Kind Stress verursachen wie der laute Onkel Bill oder Oma Sophie und ihre nassen Küsse und zu festen Umarmungen? Ist der Biologielehrer möglicherweise zu streng? Oder gibt es bestimmte Ereignisse, die Ihr Kind alarmieren, wie der Spielenachmittag, der zu Ende geht, Mama und Papa, die abends ausgehen, oder Hausaufgaben, die bald abgegeben werden müssen?

Notieren Sie in der linken Spalte in der nachfolgenden Tabelle so viele Beispiele solcher Auslöser wie möglich. Vielleicht können Sie ja auch typische Auslöser wie Trennungsangst, Angst vor Veränderung oder das Austesten von Grenzen auf einen Punkt bringen.

Wenn Sie damit fertig sind, schreiben Sie bitte in die rechte Spalte, wie Sie proaktiv sein und solche Probleme ansprechen können, so dass das untere Gehirn Ihres Kindes nicht so leicht wütend wird. Auf welche Hinweise sollten Sie achten? Welche Hilfe benötigen Sie, um Veränderungen für Ihr Kind vorzunehmen? Wir haben mit einem Beispiel einer typischen Situation den Anfang gemacht.

Auslöser für das Kind	Mögliche Lösungen
Familientreffen. Sie hat schlechte Laune, wenn wir bei meinen Schwiegereltern zu Besuch sind. Sie weigert sich, die aufgetischten Mahlzeiten zu essen. Sie ist unhöflich zu älteren Familienmitgliedern und will sie nicht umarmen oder ihnen einen Kuss geben. Sie will immer früh nach Hause.	1. Laden Sie Ihre Familie zu sich nach Hause ein, damit sie sich zwischendurch auf ihr Zimmer zurückziehen kann. 2. Schlagen Sie eine Alternative vor, wie sie Ihre Verwandten begrüßen kann, mit der sie einverstanden ist. 3. Vor der Fahrt zu den Verwandten essen/Snacks für sie mitbringen. 4. Überlegen Sie sich vorab, wie sie sich selber unterhalten kann (eine Freundin mitnehmen? ein Buch/Spielsachen/Musik mitnehmen?).

Auslöser für das Kind	Mögliche Lösungen

Wir legen keinesfalls nahe, dass unsere Kinder unser Leben bestimmen sollten und dass jede Situation auf ihre Vorlieben und Abneigungen zugeschnitten werden muss. Aber Sie sollten Ihr eigenes Kind kennen. In unserem Beispiel reagiert die Tochter wahrscheinlich empfindlich auf Lärm und Menschenmengen oder ist die einzige ruhige Introvertierte inmitten einer Familie von lauten Extrovertierten. Vielleicht ist ein langes Familientreffen, auf dem es nichts Altersgerechtes für ein Kind zu tun gibt, auch einfach nur zu viel für sie. Wie auch immer – Sie müssen eine Entscheidung treffen. Sie können sich Alternativen überlegen, die die Situation für Ihr Kind (und für Sie) einfacher machen oder Sie können darauf bestehen, dass Ihr Kind sich mit der Situation, so wie sie ist, abfindet, mit dem Ergebnis, dass niemand hinterher zufrieden ist.

Aber wenn Sie selber nicht reguliert sind, wie können Sie dann Ihren Kindern helfen? Beschäftigen wir uns jetzt daher ein wenig mit Ihnen.

Was aktiviert Ihr unteres Gehirn?

Denken Sie jetzt darüber nach, was Sie gewöhnlich aus dem Gleichgewicht bringt. Wenn Sie sich verspäten? Kritisiert zu werden? Zu viele Pflichten zu haben? Was können Sie für sich selber tun, damit Ihr oberes Gehirn das Ruder in der Hand behält, wenn Sie mit Ihren Kindern interagieren? Würde eine ausgewogenere Ernährung helfen? Oder mehr Schlaf? Mehr Zeit für sich selber? Behalten Sie diese Fragen im Hinterkopf, wenn Sie sich unsere Beispiele unten ansehen.

Auslöser für die Eltern	Mögliche Lösungen
Der morgendliche Kampf, um alle rechtzeitig aus dem Haus zu bekommen. Ich bin dann immer frustriert, gestresst und schimpfe mit den Kindern.	1. Bereiten Sie so viel wie möglich am Vorabend vor. 2. Fangen Sie Ihren Tag besser an, indem Sie früher aufstehen, um zehn Minuten lang zu meditieren. 3. Lassen Sie Ihre Kinder mehr tun. 4. Erstellen Sie für Ihre Kinder ein Schaubild der gemeinsamen Morgenroutine, damit Sie sie nicht immer daran erinnern müssen.

Meist denken wir nicht darüber nach, welche Faktoren bei uns ein bestimmtes Verhalten auslösen. Wir wissen nur, dass wir hinterher aufgebracht sind. Genau genommen sind wir uns oft gar nicht bewusst, dass wir gestresst sind – und einige von uns über das Maß hinaus –, dass wir mit unserem unteren Gehirn *reagieren*, statt mit einem integrierten oberen Gehirn darauf zu antworten, was wir oder unsere Kinder in dem Moment brauchen. Sich der Auslöser bewusst zu sein und Maßnahmen zu ihrer Reduzierung zu ergreifen hilft uns und unseren Kindern, Körper und Gehirn in einem Zustand der Integration zu halten.

Das obere Gehirn ansprechen

Je öfter wir unseren Kindern die Gelegenheit geben, ihr oberes Gehirn zu trainieren, desto leichter wird es für sie, auf dieses zuzugreifen, wenn ihre Emotionen mit ihnen durchgehen. Wir mögen instinktiv zuerst die Probleme unserer Kinder lösen oder ihnen Antworten geben wollen, wenn sie es schwer haben, aber sie bauen erst dann die Gehirnmuskeln auf, die sie für die Entwicklung von Fertigkeiten wie Empathie, Emotionsregulation, Moral und richtiger Entscheidungsfindung benötigen, wenn wir sie dazu ermuntern, selber an den Problemen zu arbeiten.

4. Strategie

Statt einfach die Antwort zu geben …

… das obere Gehirn trainieren

Unsere eigenen Handlungen können für unsere Kinder Training für das Verhalten sein, das wir uns für sie wünschen. Notieren Sie in der linken Spalte einige positive und negative Verhaltensweisen Ihres Kindes. Schreiben Sie in die mittlere Spalte Ihre eigenen Reaktionen, die oft zu Machtkämpfen, Verbindungsabbruch oder Wutanfällen führen. Die rechte Spalte ist für Beispiele gedacht, die an das höhere Denken und obere Gehirn Ihres Kindes appellieren. Dazu gehören: mit Ihrer Tochter verhandeln, ihre Gefühle wahrnehmen, Alternativen in Betracht ziehen und Kompromisse schließen. Lesen Sie sich unsere Beispiele durch und überlegen Sie sich danach Ihre eigenen.

Kindliches Verhalten	**Elterliche Handlung, die das untere Gehirn verärgert**	**Elterliche Handlung, die das obere Gehirn trainiert**
Über das Abendessen greinen.	Durch das Greinen gereizt, wollen Sie das Verhalten abschalten: *„Es wird das gegessen, was auf den Tisch kommt. Basta."*	Erkennen Sie die Gefühle Ihres Kindes an, verhandeln Sie danach: *„Du bist nicht damit einverstanden, dass es heute Abend Hähnchen gibt, was? Das tut mir leid. Sollen wir gemeinsam überlegen, was es morgen zum Abendbrot gibt, das wir beide mögen?"*
Der Schwester das Lieblingshemd leihen.	Sie ignorieren die positive Geste Ihrer Tochter, indem Sie sich auf das konzentrieren, was sie falsch gemacht hat: *„Das Hemd war teuer! Wenn sie nicht sorgfältig damit umgeht, kaufe ich dir kein neues!"*	Zeigen Sie zuerst Mitgefühl und unterstützen Sie dann ihr Denken durch ihr Handeln: *„Das war wirklich großzügig von dir, du hast deine Schwester sehr glücklich gemacht. Wie würdest du dich fühlen, wenn sie das Hemd schmutzig macht?"*

Kindliches Verhalten	Elterliche Handlung, die das untere Gehirn verärgert	Elterliche Handlung, die das obere Gehirn trainiert
Nach dem Lichtlöschen mehrmals aus dem Kinderzimmer kommen.	Sie geben zuerst nach, werden dann aber wütend, als das nicht funktioniert: *„Ich hab dir bereits etwas zu trinken gegeben, dich wieder zugedeckt und deinen Rücken gestreichelt! Warum schläfst du nicht? Es ist schon viel zu spät!“*	Zeigen Sie zuerst Mitgefühl und suchen dann nach Antworten, während Sie gleichzeitig Grenzen setzen: *„Es sieht so aus, als ob du heute aus irgendeinem Grund nicht schlafen kannst. Weißt du, warum? Vielleicht kannst du mir ja den Grund nennen, während ich dich ins Bett bringe. Es ist schon spät und es ist jetzt wirklich Zeit zu schlafen.“*

Kindliches Verhalten	Elterliche Handlung, die das untere Gehirn verärgert	Elterliche Handlung, die das obere Gehirn trainiert

Sie haben vermutlich festgestellt, dass Ihnen Mitgefühl für Ihr Kind leichter fällt, wenn Ihr eigenes unteres Gehirn nicht verärgert ist! Wenn Ihr Leben ruhig ist und Sie nicht unter Stress stehen, dann ist es ziemlich einfach, einen kühlen Kopf zu bewahren und ruhig und verbunden zu bleiben. Aber wenn Ihr Gehirn, wie Ihr Kind, zu viel zu verarbeiten hat, ist es auch ganz einfach, auszurasten!

Das obere Gehirn ständig ansprechen

Unsere Zeit als Eltern ist so verplant, dass das Sich-um-sich-selbst-Kümmern ganz unten auf der Prioritätenliste steht. Trotzdem können wir uns jeden Tag darin üben, unser oberes Gehirn anzusprechen, denn das ist nicht schwer und hat eine bedeutende Wirkung auf Ihre Beziehung zu Ihrem Kind!

Wenn Ihr unteres Gehirn wütend ist, was tun Sie dann, um *Ihr* oberes Gehirn anzusprechen? Welche Mittel benutzen Sie, um innezuhalten und vor dem Handeln nachzudenken?
Hier ist eine Übung für Sie, die wir manchmal in unseren Workshops machen:

> *Legen Sie jeden Abend, bevor Sie schlafen gehen und ruhig und entspannt sind, eine Hand auf den Brustkorb. Nehmen Sie wahr, wir friedlich und frei von Angst und Stress Sie sich fühlen.*
>
> *Tun Sie das jeden Abend.*
>
> *Wenn Sie sich das nächste Mal über Ihre Kinder ärgern, kehren Sie zu dieser Haltung zurück. Sie müssen sich dazu nicht hinlegen. Legen Sie einfach nur die Hand auf den Brustkorb, atmen Sie dann tief ein und wieder aus. Bemerken Sie, wie schnell Sie sich dadurch beruhigen und Ihre Emotionen regulieren.*
>
> *Das liegt daran, dass sich Neuronen, die zusammen feuern, vernetzen. Ihr Körper verbindet mit dieser Haltung Ruhe und Gelassenheit und das bedeutet, Sie können zu dieser Haltung immer dann zurückkehren, wenn Sie diesen entspannten Geisteszustand erreichen und Ihr gesamtes Nervensystem beruhigen möchten.*
>
> *Versuchen Sie es jetzt gleich. Legen Sie eine Hand auf Ihren Brustkorb, schließen Sie die Augen und lassen Sie alles, außer diesen Moment, los. Atmen Sie langsam ein und wieder aus und bekommen Sie ein Gespür dafür, was es bedeutet, Angst und Anspannung loszulassen. Machen Sie diese Übung jeden Abend und immer dann, wenn Ihr unteres Gehirn die Kontrolle übernehmen will.*

Diese Übung ist sehr effektiv, um das Gehirn wieder in einen Zustand der Integration zurückzuführen. Sie haben vermutlich bereits andere Methoden benutzt oder von Praktiken gehört, die auch helfen. Denken Sie jetzt einige Minuten darüber nach, wie Sie im Eifer des Gefechts Ihr oberes Gehirn ansprechen können. Vielleicht hilft es Ihnen, bis zehn zu zählen, drei Eigenschaften zu nennen, die Sie an Ihrem Kind lieben, oder Ihren Emotionen einen Namen zu geben. Erstellen Sie eine kurze Liste Ihrer Strategien:

....

....

....

....

....

....

....

....

....

Suchen Sie sich eine oder zwei Ihrer eigenen Ideen aus (oder entscheiden Sie sich für unsere Methode) und nehmen Sie sich fest vor, sie auch anzuwenden – und zwar ab heute. Es braucht Zeit, bis aus neuen Fertigkeiten Gewohnheiten werden. Nutzen Sie daher jede Gelegenheit, um diese Ideen auszuprobieren.

4. Strategie für ein integriertes Gehirn: Nutze es oder verliere es

Weil die Funktionen des oberen Gehirns viele Verhaltensweisen umfassen, die für ein erfolgreiches Leben nötig sind, wollen wir sicherstellen, dass wir diesen Bereich des kindlichen Gehirns auch gut in seiner Entwicklung unterstützen. Es ist daher wichtig, nicht nur das obere Gehirn unserer Kinder anzusprechen, wenn diese einen schwierigen Moment erleben, sondern es ist darüber hinaus sehr sinnvoll, dass wir uns zur Aufgabe machen, ihnen dabei zu helfen, diesen Gehirnbereich regelmäßig zu trainieren.

Am Anfang dieses Kapitels haben wir kurz die Funktionen des oberen Gehirns zusammengefasst. (Wenn Sie möchten, lesen Sie den entsprechenden Abschnitt in *Achtsame Kommunikation mit Kindern*, in dem wir dieses Thema im Detail behandeln.) Überlegen Sie sich jetzt, wie Sie diese Fertigkeiten in Ihrem Kind fördern können. Wir haben in der nachfolgenden Tabelle je ein Ziel aufgelistet und daneben beschrieben, was Sie tun können, um dieses Ziel zu erreichen. Lesen Sie sich unsere Beispiele durch und notieren dann ein oder zwei eigene Maßnahmen.

Ziel	Was ich tun kann	Was ich tun kann	Was ich tun kann
Angemessene Entscheidungsfindung	*Ich werde meiner kleinen Tochter ein größeres Mitspracherecht bei den täglichen Entscheidungen geben – sie darf entscheiden, was sie anzieht und was sie unternehmen möchte (in angemessenem Rahmen).*		

Ziel	Was ich tun kann	Was ich tun kann	Was ich tun kann
Die Emotionen und den Körper regulieren	*Ich werde meinem Sohn vorleben, wie Emotionen unseren Körper beeinflussen, indem ich ihm erzähle, wie ich mich fühle und wie ich Gefühle in meinem Körper wahrnehme.*		
Selbsterkenntnis	*Ich werde ein Eltern-Kind-Tagebuch anfangen, das wir beide abwechselnd benutzen. Wir können darin Fragen aufschreiben, Wünsche miteinander teilen und Gefühle erklären.*		
Empathie	*Wenn wir den Höhepunkt und den Tiefpunkt des Tages beim Abendessen besprechen, wird von jetzt an die Frage „Was war heute ein besonders schöner Moment?“ Teil unseres abendlichen Rituals sein.*		

Ziel	Was ich tun kann	Was ich tun kann	Was ich tun kann
Moral	*Während der Familienmahlzeiten werden wir uns ein Thema aussuchen und darüber sprechen – vielleicht ein aktuelles Ereignis, einen Sportler oder eine Zeitungsüberschrift.*		

Das Gehirn ist wie ein Muskel. Fertigkeiten wie Empathie oder Entscheidungsfindung müssen trainiert werden, um den Muskel zu stärken. Je mehr Übung Sie Ihrem Kind geben, desto mehr wird er oder sie in der Lage sein, auf verantwortliche, respektvolle und rücksichtsvolle Weise zu reagieren.

Und Übung tut *unserem* Gehirn genauso gut!

Tue, was ich tue

Wir sollten immer unser eigenes Verhalten im Auge behalten, das wir unseren Kindern vorleben. Während wir ihnen Ehrlichkeit, Großzügigkeit, Güte und Respekt beibringen, müssen wir sicherstellen, dass wir diese Werte auch in unserem eigenen Leben verkörpern. Die Beispiele, die wir setzen, ob gut oder schlecht, werden die Entwicklung des oberen Gehirns unserer Kinder maßgeblich beeinflussen.

Denken Sie über die Funktionsweise des oberen Gehirns nach und wie sie sich auf Ihr eigenes Leben auswirkt. Welches Verhalten sehen Ihre Kinder? Wie treffen Sie Entscheidungen, wie gut können Sie Ihre Emotionen regulieren und wie sehr arbeiten Sie an Ihrer Selbsterkenntnis, Empathie und Moral? Erstellen Sie eine Liste von Beispielen Ihrer Vorbildfunktion in diesen Bereichen und in jenen, die Sie verbessern könnten.

....

....

....

....

....

....

....

Gibt es Bereiche, die Sie verbessern möchten, dann nehmen Sie sich vor, Veränderungen jetzt vorzunehmen. Notieren Sie, was Sie dazu tun müssen, wer Ihnen dabei helfen kann und was Sie zuerst machen werden. Konkrete Maßnahmen aufzuschreiben aktiviert Ihr oberes Gehirn!

Seine eigenen Handlungen bewusst zu berücksichtigen kann sehr effektiv sein. Aufzuschreiben, was gut funktioniert, und dann schwarz auf weiß die Verbesserungen zu sehen, eignet sich ausgezeichnet dazu, emotionalen und körperlichen Stress zu beruhigen.

5. Strategie für ein integriertes Gehirn: Bewegen statt den Verstand verlieren

Forschungsergebnisse zeigen, dass in dem Moment, in dem wir uns bewusst werden, dass wir gestresst sind, unser Körper das bereits weiß. Angespannte Schultern, Schmetterlinge im Bauch und Herzrasen sind Botschaften, die der Körper an das Gehirn schickt, um uns mitzuteilen, dass wir unter Stress stehen. Das gleiche gilt für unsere Kinder.

Indem Sie Ihre Kinder dazu ermutigen, ihren körperlichen Zustand zu verändern, sei es durch Bewegung oder Entspannung, wird ihr Körper einen Teil der Anspannung lösen und ruhigere Information zum oberen Gehirn schicken können. So sind Körper und Gehirn besser in der Lage, zu einem Zustand der Integration zurückzukehren.

5. Strategie

Statt Befehlen und Fordern …

… versuchen Sie: „Bewegen statt den Verstand verlieren"

Nicht nur unsere Kinder können diese Bewegungsstrategie nutzen. „Bewegen statt den Verstand verlieren“ ist auch für Eltern gut geeignet, wenn sie sich überwältigt oder gestresst fühlen. Wir haben dies im Abschnitt „Uns selbst integrieren“ am Ende von Kapitel 3 in *Achtsame Kommunikation mit Kindern* beschrieben.

„Bewegen statt den Verstand zu verlieren“ für Eltern: Ein Prozess in drei Schritten

Wir haben alle „untere“ Momente, wenn wir „den Verstand verlieren“ und Dinge sagen oder tun, die wir hinterher bereuen. Ist der Stress groß, machen Eltern, machen wir alle Fehler.

Aber vergessen Sie nicht: Sie können die Momente, in denen Sie das Gefühl haben, die Kontrolle zu verlieren, als Gelegenheiten nutzen, um ein Vorbild für Selbstregulation zu sein. Kleine Augen beobachten Sie, um zu sehen, wie *Sie sich beruhigen*. Ihr Handeln gibt ein Beispiel, wie man in einem sehr emotionalen Moment „eine gute Entscheidung trifft“ – wenn Sie Gefahr laufen, *selbst* einmal auszurasten.

Was also tun Sie, wenn Sie bemerkt haben, dass Ihr unteres Gehirn die Kontrolle übernommen hat und Sie langsam Ihren Verstand verlieren?

Erstens: Verletzen Sie niemanden.

Machen Sie den Mund zu und sagen Sie nichts, was Sie später bereuen werden. Nehmen Sie die Hände hinter den Rücken, um Handgreiflichkeiten zu vermeiden. Wenn Sie einen Moment des unteren Gehirns erleben, schützen Sie mit allen Mitteln Ihr Kind.

Zweitens: Gehen Sie selbst aus der Situation und sammeln Sie sich.

Es ist nichts Schlimmes daran, eine Pause zum Durchatmen zu machen, besonders dann, wenn Sie dadurch Ihr Kind schützen. Auch wenn es vielleicht komisch aussehen mag, versuchen Sie die Methode „Bewegen statt den Verstand verlieren“. Machen Sie ein paar Hampelmänner.

Oder einige Yogadehnungen. Atmen Sie langsam und tief. Tun Sie, was nötig ist, um wieder zur Besinnung zu kommen, die Sie verloren haben, als Ihre Amygdala Ihr oberes Gehirn entführte. Sie werden nicht nur selbst in einen integrierten Zustand kommen, sondern Sie werden auch ein Vorbild für Ihre Kinder sein, welche wirksamen Mittel sie zur Selbstregulation anwenden können.

Drittens: Bringen Sie die Situation wieder in Ordnung.
Möglichst schnell. Wenn Sie ruhig sind und wieder zur Besinnung gekommen sind, verbinden Sie sich wieder mit Ihrem Kind. Und dann widmen Sie sich den entstandenen emotionalen Verletzungen oder Störungen in der Beziehung. Dazu gehört, dass Sie vergeben. Aber es kann auch bedeuten, dass Sie sich entschuldigen und Verantwortung für Ihr eigenes Handeln übernehmen. Dieser Schritt muss so schnell wie möglich getan werden. Je schneller Sie die Verbindung zwischen Ihnen und Ihrem Kind wieder in Ordnung bringen, desto eher werden Sie und Ihr Kind die emotionale Balance wiedererlangen und weiterhin die gegenseitige Beziehung wertschätzen können.

Durch Schein zum Sein

Die Strategie „Bewegen statt den Verstand verlieren" funktioniert auch ganz ausgezeichnet, wenn unsere Kinder aufgebracht sind. Hat Ihr kleines Kind Angst vor dem bevorstehenden Zahnarztbesuch oder seiner ersten Klavierstunde, können Sie beispielsweise Folgendes sagen: *„Zeig mir, wie dein Gesicht und dein Körper aussehen, wenn du mutig bist.*" So tun, als sei man mutig, kann solche Emotionen tatsächlich in uns hervorrufen, wie Sie und Ihr Kind feststellen werden.

Oder wenn sich Ihr neunjähriger Sohn nach einem Streit mit seinem Bruder nur schwer beruhigen lässt oder nervös ist, weil eine Klassenarbeit ansteht, könnten Sie sagen: *„Tu so, als seist du eine schwere, nasse und schlabberige Nudel. Wie sähe dein Körper aus?*" Lassen Sie es sich dann von ihm auf dem Boden oder dem Sofa zeigen. Die Geist-Körper-Verbindung wird die Führung übernehmen und die veränderte Körperhaltung wird die Emotionen verändern.

Klingt das etwa zu gut, um wahr zu sein? Dann versuchen Sie es doch gleich einmal selber! Spielen Sie die folgenden Haltungen nach und beobachten Sie, wie diese Ihre Emotionen und Stimmung beeinflussen:

- Mutige Körperhaltung
- Nudel
- Wütendes Gesicht und wütender Körper
- Herzliches und freudiges Lachen

Was haben Sie nach dieser Übung festgestellt? Hat sich Ihre Stimmung verändert? Fühlt sich Ihr Körper jetzt anders an? Und wie sieht es mit Ihrem emotionalen Zustand aus? Beschreiben Sie im Detail, was Ihnen aufgefallen ist.

....

....

....

....

....

....

....

....

Je öfter Sie derartige Übungen machen, desto leichter wird es Ihnen fallen, Ihren Kindern neue Verhaltensweisen vorzuleben. Und je mehr Wissen wir uns darüber aneignen, wie unser Gehirn unsere täglichen Interaktionen bestimmt, desto mehr Wissen können wir an unsere Kinder weitergeben.

....

....

....

....

....

....

....

....

....

Kinder mit einem integrierten Gehirn

Wenn Kinder verstehen, wie das Gehirn arbeitet, werden Gespräche mit ihnen über ihre Verhaltensweisen und Emotionen weitaus weniger als ein persönlicher Angriff und mehr als ein gemeinsamer Lösungsversuch empfunden. Die Informationen zum unteren und oberen Gehirn sind für Kinder recht leicht zu verstehen und die nachfolgende Illustration aus *Achtsame Kommunikation mit Kindern* ist ein hervorragender Gesprächseinstieg.

Kinder mit einem integrierten Gehirn:
Wie Sie Ihr Kind etwas über das untere und obere Gehirn lehren

Dein unteres und dein oberes Gehirn

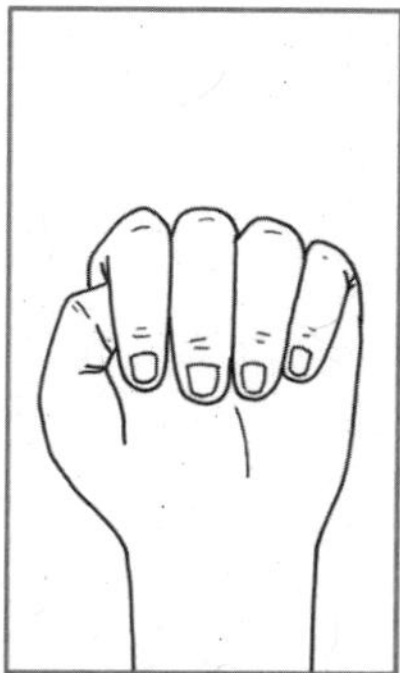

Mache mit deiner Hand eine Faust. Das ist ein Handmodell deines Gehirns. Erinnerst du dich daran, dass du eine linke und rechte Hirnhälfte hast? Nun, du hast auch ein oberes und ein unteres Gehirn.

Im oberen Gehirn triffst du kluge Entscheidungen und handelst richtig, selbst wenn du wirklich wütend bist.

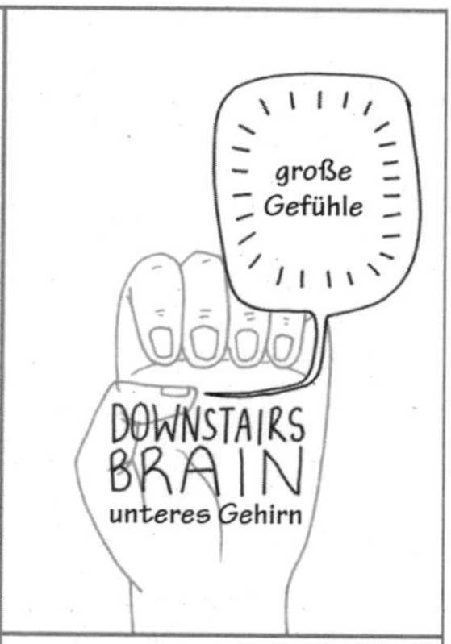

Hebe nun deine Finger ein kleines bisschen: Siehst du, wo dein Daumen ist? Das ist ein Teil deines unteren Gehirns, und daher kommen deine richtig großen Gefühle. Es bringt dich dazu, dass du dich um andere Menschen kümmerst und Liebe spürst. Es macht dich auch wütend. Also dann, wenn du richtig verärgert oder frustriert bist.

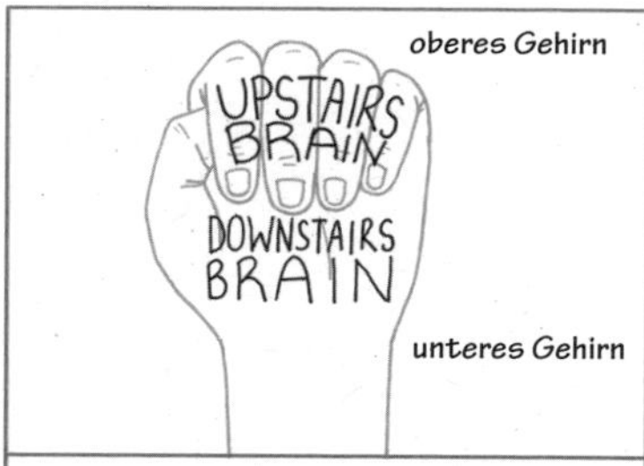

Es ist völlig in Ordnung, wütend zu sein. Das ist normal, besonders dann, wenn dir dein oberes Gehirn hilft, dich zu beruhigen. Ein Beispiel: Schließe deine Finger wieder. Siehst du, wie der obere, denkende Teil des Gehirns deinen Daumen berührt, damit es deinem unteren Gehirn helfen kann, seine Gefühle ruhig zum Ausdruck zu bringen?

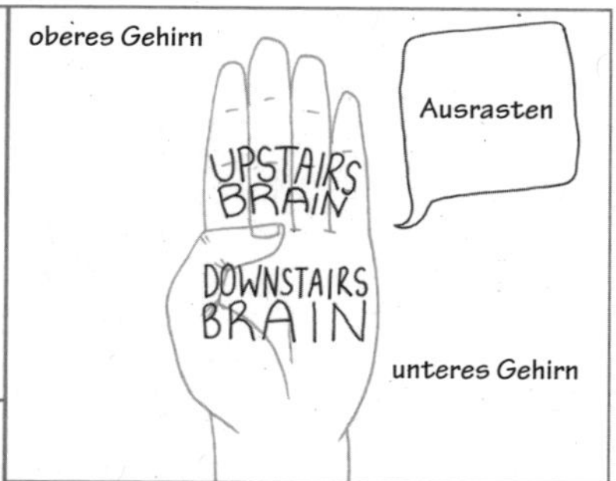

Wenn wir sehr wütend werden, können wir manchmal richtig ausrasten. Hebe deine Finger so, wie auf dem Bild. Siehst du, dass dein oberes Gehirn dein unteres Gehirn nicht mehr berührt? Das bedeutet, dass es dem unteren Gehirn nicht mehr helfen kann, ruhig zu bleiben.

Ein Beispiel:

Nachdem Sie mit Ihrer Tochter gemeinsam die Erklärung durchgelesen haben, können Sie mit ihr darüber sprechen, um ihr Verständnis davon zu vertiefen, wie das untere und obere Gehirn unser Handeln und Denken beeinflusst. Im Nachfolgenden sind einige Fragen aufgeführt, die Sie Ihrem Kind stellen können, um ein längeres Gespräch zu ermöglichen:

- *Hattest du jemals das Gefühl, dass du wusstest, wie du dich verhalten solltest, du aber so aufgebracht warst, dass dein Körper einfach nicht auf dich gehört hat?*
- *Erinnerst du dich noch an den einen Abend, an dem ich so wütend auf dich war und dich angeschrien habe? Das lag zum Teil an meinem unteren Gehirn, das mein oberes Gehirn herumkommandiert und die Kontrolle übernommen hatte! Als ich mich wieder beruhigt hatte, tat mir das Ganze wirklich leid und ich habe mich bei dir entschuldigt. Passiert so ein Herumkommandieren manchmal auch dir und deinen Freunden?*
- *Welche Situationen lassen dich am meisten ausrasten? Und was ist mit deiner Schwester – was, glaubst du, lässt sie ausrasten?*
- *Wenn ich wütend bin und Papa mir wirklich zuhört, hilft mir das, mein unteres Gehirn zu beruhigen. Aber wenn er wütend wird und mir nicht gut zuhört … mein lieber Mann … dann wird mein unteres Gehirn ganz schön wütend! Gibt es Sachen, die Papa und ich tun, die dein unteres Gehirn so richtig verärgern, wenn du traurig oder wütend bist?*

Nehmen Sie sich nun ein wenig Zeit und denken Sie zurück an eine Interaktion mit Ihrem Kind, in der entweder Sie oder Ihr Kind Ihrem unteren Gehirn die Kontrolle überließen. Nutzen Sie die oben aufgeführten Beispiele. Beschreiben Sie die Interaktion und betrachten Sie sie dann mit dem Wissen, das Sie über das obere und untere Gehirn haben. Welche Punkte würden Sie jetzt mit Ihrem Kind besprechen?

....

....

....

....

....

....

....

....

....

....

Ein solch offenes Gespräch mit Ihren Kindern über Momente, in denen Sie beide die Kontrolle verloren haben, kann sehr beruhigend für Ihre Kinder sein, denn es zeigt ihnen, dass diese Verhaltensweisen auftreten können und ihre Eltern sie trotzdem lieben und sie darin unterstützen, ihre Emotionen besser zu kontrollieren.

Eine Vision Ihres Hauses – Ihren Kindern helfen, zu verstehen

Sie können früh anfangen, mit Ihren Kindern über das Gehirn zu sprechen. Das Handmodell des Gehirns eignet sich sogar für Dreijährige! Wenn Ihre Kinder fünf oder sechs Jahre alt sind, könnte dieses gemeinsame Projekt Ihnen Spaß machen. Es ist ebenfalls ein großartiges Mittel, Selbsterkenntnis vorzuleben.

Welche Materialien Sie benutzen, ist Ihnen selbst überlassen. Gut eignen sich alte Zeitschriften, Buntstifte, Farbe, Kugelschreiber, Schere, Leim, Papier und Glitzer, Aufkleber und Pompons zur Verzierung.

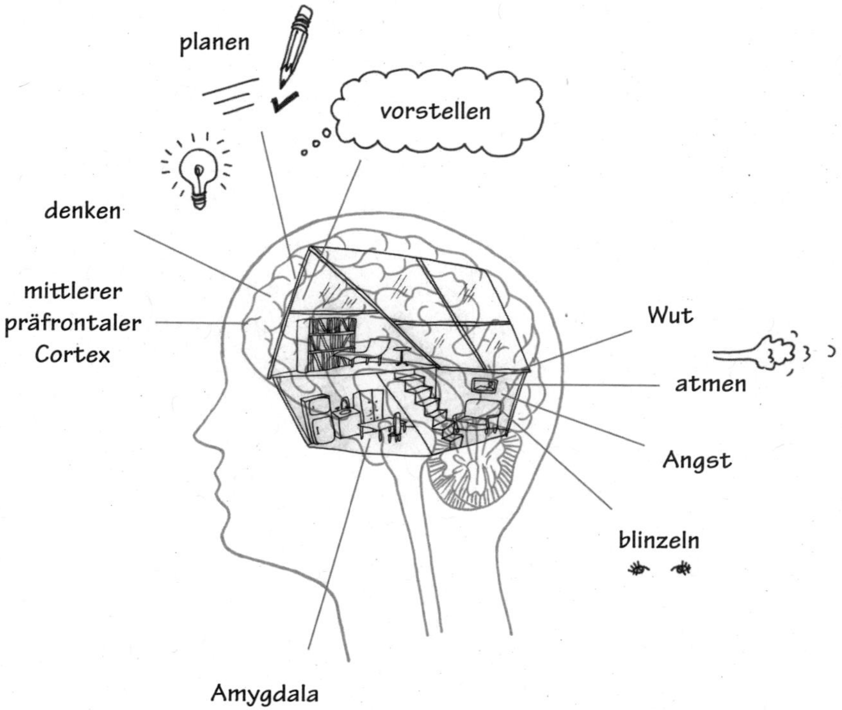

Benutzen Sie das Handmodell des Gehirns zusammen mit der Illustration aus *Achtsame Kommunikation mit Kindern*, um Ihre Kinder an die verschiedenen Bereiche des Gehirns, deren Grundfunktionen und das obere und untere Gehirn zu erinnern. Bitten Sie Ihre Kinder danach, das Innere ihres „Gehirns/Hauses" mit zwei Stockwerken und einer Treppe zwischen beiden Stockwerken zu malen. Sie können Zeitschriftenausschnitte, Aufkleber oder Stifte für eigene Zeichnungen benutzen und das untere Stockwerk mit Worten und Bildern füllen, die das untere Gehirn beschreiben und womit es gefüllt ist, wenn die Verbindung zum oberen Gehirn gestört ist.

Das Stockwerk kann Folgendes beinhalten:

- Farben für große Emotionen (*Rot für Wut, Blau für Furcht, Grau für Traurigkeit*)
- Tiere oder Menschen, die die Gefühle Ihrer Kinder verkörpern, wenn sie die Kontrolle verloren haben (*ängstlicher Welpe, brüllender Löwe, weinendes Baby*)
- Beschreibungen, wie sich ihr Körper fühlt, wenn sie Gefangene des unteren Gehirns sind (*Vulkanausbruch, zusammengerollter Igel*)
- Erinnerungen an Dinge, die sie nicht mochten, und welche Gefühle diese Dinge auslösten (*der Arztbesuch, vor dem Ihre Tochter Angst hatte; der Tag, an dem Ihr Sohn von seinem Fahrrad fiel und Angst hatte*)

Wenn das untere Stockwerk fertig ist, bitten Sie Ihre Kinder, über das obere Stockwerk nachzudenken. Sie sollen es mit dem füllen, was ihnen bei einer blockierten Treppe ohne Zugang zum oberen Stockwerk helfen würde. Stellen Sie Fragen wie „Was würde dir helfen, dich zu beruhigen, wenn du wütend bist?" oder „Wodurch fühlst du dich sicherer, wenn du Angst hast?" oder „Was braucht dein Körper, wenn du dich unwohl fühlst und feststeckst?"

Die Antworten könnten so aussehen:

- Bilder von Mama, ein warmes Bad oder das Lieblingsstofftier
- Tröstende Worte wie „Umarmungen", „Liebe" oder „Küsse"
- Die Erinnerung an einen Lieblingsort wie den Strand oder Omas Haus
- Bewegung, Meditieren oder eine Schneekugel (schütteln und abwarten, bis sie wieder klar ist – so wie unser Geist)

Wenn Kinder ihr Gehirn auf diese Weise bildlich darstellen, trägt das zur Integration ihres *eigenen* oberen und unteren Gehirns bei. Ihre Kinder trainieren ihr rationales (oberes) Gehirn, während sie gestalten, sprechen und darüber nachdenken, welches Bild wo hingehört und was sie benötigen, um sich besser zu fühlen. Es hilft ihnen auch, sich besser ihres reaktiven (unteren) Gehirns bewusst zu werden, wenn sie sich an die Gefühle erinnern, die mit dem Kontrollverlust und der anschließenden Beruhigung einhergehen.

Das fertige Bild kann dann zur Erinnerung in ihrem Zimmer aufgehängt werden. Dadurch haben sie etwas Greifbares, auf das sie sich beziehen können, wenn sie fehlreguliert sind oder ausrasten – eine ausgezeichnete Möglichkeit, das obere Gehirn zu aktivieren, wenn Wutanfälle auftreten!

KAPITEL 4

Tötet die Schmetterlinge!

Die Integration der Erinnerung als Weg zu Wachstum und Heilung

Manchmal hoffen Eltern, dass ihre Kinder schmerzvolle Erfahrungen, die sie erlebt haben, „einfach vergessen" werden. Aber wir können den Kindern nur wirklich helfen, wenn wir ihnen als Eltern gesunde Wege aufzeigen, wie sie implizite und explizite Erinnerungen integrieren und dadurch sogar schmerzvolle Erfahrungen zu Quellen der Kraft und der Selbsterkenntnis machen können.

ACHTSAME KOMMUNIKATION MIT KINDERN

Wenn wir gewöhnlich über Erinnerung sprechen, meinen die meisten von uns explizite Erinnerungen, das heißt Erinnerungen, derer wir uns bewusst sind, wie die ersten Schritte unserer Kinder, der Sommerurlaub im letzten Jahr oder der Tag, an dem unser Kind vom Baum fiel und sich den Arm brach.

In Kapitel 4 in *Achtsame Kommunikation mit Kindern* beschäftigen wir uns mit den Erinnerungen, derer wir uns *nicht* bewusst sind. Selbst wenn wir uns nicht explizit an sie erinnern können, so können sie doch eine große Wirkung auf unser Leben haben. Genau genommen sind es diese impliziten Erinnerungen, die unsere Gefühle über uns selber, andere und die Welt prägen. Man könnte sogar so weit gehen zu sagen, dass bestimmte implizite Erinnerungen eine *größere* Wirkung auf unser Leben haben als explizite Erinnerungen, weil *wir oft nicht das Gefühl haben, uns zu erinnern*, wenn wir sie abrufen und sie deshalb nicht verstehen. Und trotzdem prägen und färben sie unsere Emotionen, unser Verhalten, unsere Sichtweise und unsere körperlichen Empfindungen. Anders ausgedrückt beeinflussen diese impliziten Erinnerungen unsere Gefühle und Gedanken im jeweiligen Moment, selbst wenn wir uns nicht bewusst sind, dass dieser Einfluss aus der Vergangenheit uns in der Gegenwart prägt.

Wenn Ihr Kind vergangene schwierige Erlebnisse hatte, sind diese hauptsächlich im impliziten Gedächtnis gespeichert. Die gute Nachricht ist, dass Sie aus der impliziten Erinnerung eine explizite machen können, indem Sie mit Ihrem Kind über sie sprechen. Dadurch richten Sie das Licht des Gewahrseins auf Gefühle, Verhaltensweisen, Gedanken und körperliche Reaktivität, damit sie näher erkundet und verstanden werden können. Haben Sie oder Ihr Kind etwas Schmerzliches oder Beängstigendes erlebt, kann eine Therapie zur Verarbeitung der traumatischen Erinnerungen hilfreich sein. Aber in vielen Fällen sind wir Eltern unseren Kindern bereits eine große Hilfe, wenn wir ihre impliziten Erinnerungen ins explizite Gedächtnis bringen.

Fangen wir mit einer kurzen Rückschau auf die Unterschiede zwischen expliziten und impliziten Erinnerungen und einigen Beispielen an, wie sie sich in unserem Leben bemerkbar machen:

Explizites Gedächtnis	Beispiele
Abruf einer bestimmten Erinnerung – entweder faktisch oder autobiografisch mit Wahrnehmung des Selbst zu einem bestimmten Zeitpunkt.	▪ *„Letzte Woche lief sie drei Schritte, bevor sie das Gleichgewicht verlor und hinfiel."* ▪ *„Letzte Nacht fuhr ich ihn ins Krankenhaus. Seine Mutter steckte im Verkehr fest und es dauerte lange, bis sie im Krankenhaus eintraf."*
Bewusster Abruf eines vergangenen Erlebnisses mit dem Gefühl, dass die Erinnerung aus der Vergangenheit stammt.	▪ *„Das schönste Erlebnis in den Ferien war, als wir Heidelbeeren pflückten."* ▪ *„Die Kinder sind auf dieser Reise richtig gut miteinander ausgekommen, selbst als wir wegen des Regens nichts unternehmen konnten."*

Auch wenn uns nicht bewusst ist, dass sie uns prägen, implizite Erinnerungen arbeiten jeden Tag mit unseren expliziten Erinnerungen zusammen. Unsere impliziten Erinnerungen kartieren häufig unsere derzeitige Realität:

Implizites Gedächtnis	Beispiele
Erzeugt mentale Modelle oder Erwartungen hinsichtlich der Welt, die auf vergangenen Erfahrungen basieren, und prägt, wie wir uns fühlen, wie wir denken, was wir glauben und sogar wie wir Dinge in dem Moment wahrnehmen.	▪ *Ich kann mich sicher fühlen und weinen, wenn ich verletzt bin.* ▪ *Bitte und Danke zu anderen sagen bedeutet, sie sind nett zu mir und ich fühle mich gut.* ▪ *Wenn ich aufgebracht bin, tröstet man mich.* ▪ *Wir essen Popcorn, wenn wir uns einen Film ansehen.*
Macht es möglich, Antworten zu automatisieren oder in Gefahrensituationen (oder empfundener Gefahr) schnell zu reagieren, ohne ähnliche Erlebnisse aktiv abrufen zu müssen.	▪ *Bevor ich die Straße überquere, schaue ich nach links und rechts.* ▪ *Bevor ich mir die Hände wasche, stelle ich sicher, dass das Wasser nicht zu heiß ist.* ▪ *Ich gehe die Treppe rückwärts hinunter.*

Implizites Gedächtnis	Beispiele
Codiert Wahrnehmungen, Emotionen, Empfindungen und letztlich Verhaltensweisen, die wir „ohne nachzudenken“ tun.	▪ *Ich freue mich riesig, wenn Opa zu Besuch kommt.* ▪ *Hunde machen mir Angst. Wenn ich sie sehe, schlägt mein Herz schneller und meine Muskeln sind angespannt.* ▪ *Ich kann Rad fahren.* ▪ *Ich bin gut in Mathe.*

Es erfordert etwas Mühe unsererseits, uns bewusst zu werden, was unsere Kinder von ihren Erfahrungen in sich aufnehmen, und ihnen dann dabei zu helfen, ihre Gedanken, Gefühle und Emotionen zu ordnen. Mit einem Grundverständnis von impliziten und expliziten Erinnerungen können wir ihnen Mittel an die Hand geben, um Resilienz, Verständnis und Reife zu entwickeln, mit vielen schwierigen Aspekten des Lebens umzugehen und automatische Reaktionen zu bewältigen, wenn diese problematisch sind.

Welche impliziten Erinnerungen könnten einen Einfluss auf Ihr Kind haben?

Jedes Kind reagiert manchmal irrational oder unvernünftig. Wenn Sie aber Verhaltensweisen bemerken, die für *Ihren* Sohn ungewöhnlich – oder extremer als sonst – scheinen, kann es sein, dass eine implizite Erinnerung aktiv seine Erfahrung im Hier und Jetzt prägt und vielleicht ein mentales Modell geschaffen hat, bei dessen Verarbeitung er Ihre Hilfe benötigt.

In Kapitel 3 haben wir Sie gebeten, darüber nachzudenken, was Ihre Tochter aus der Bahn wirft und sie ausrasten lässt. Stellen wir uns jetzt eine ähnliche Frage über ihre Erinnerungen. Wonach Sie Ausschau halten möchten, sind *Verhaltensmuster*, bei denen ein bestimmtes Ereignis (*Pyjama-Party, Schwimmunterricht, Messer*) Probleme verursacht. Unerklärtes Weigern oder Meiden, Rückschritte, Ängste oder unerwartet starke Reaktionen sind alles Anzeichen für implizite Erinnerungen, die die Reaktion Ihres Kindes beeinträchtigen.

Im Schaubild unten stellen wir Ihnen eine wahre Begebenheit vor, die Olivia, der sechsjährigen Tochter einer unserer Patientinnen, passiert ist. Die grau unterlegten Kästchen zeigen entweder nicht bewusst verankerte Emotionen und Überzeugungen oder gespeicherte implizite Erinnerungen. Die weiß unterlegten Kästchen zeigen Olivias explizite Erinnerungen und codierte Gedanken.

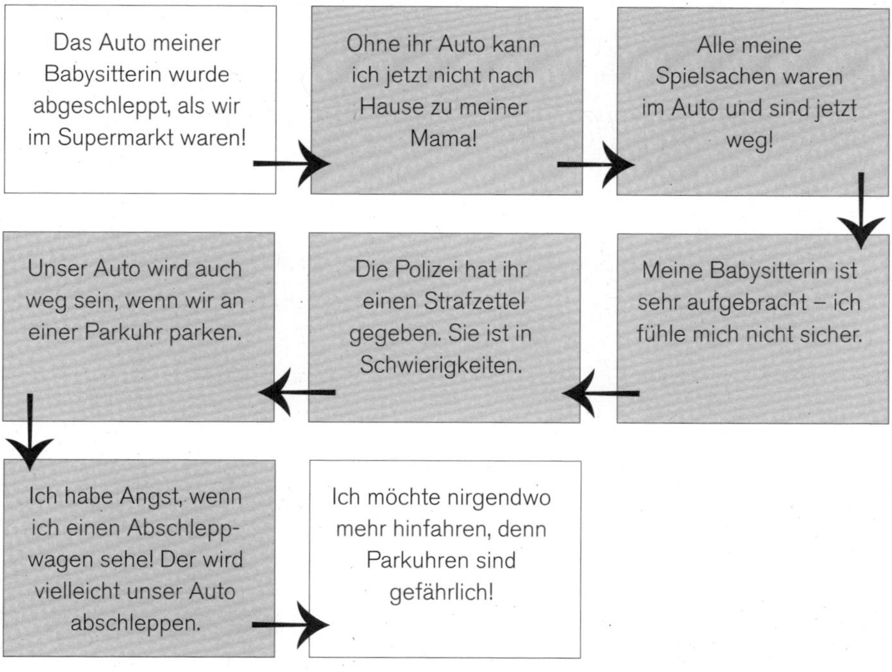

Wie Sie sehen, hatte Olivia viele codierte Gedanken, aber sie war sich nur ihrer Angst vor Parkuhren wirklich bewusst und sie wollte, dass die Erwachsenen in ihrem Leben sie mieden. Glücklicherweise kannte sich ihre Mutter mit nicht bewussten emotionalen Prozessen und impliziten Erinnerungen aus und war daher in der Lage, mit ihrer Tochter über dieses traumatische Erlebnis im Detail zu sprechen und so ihre Gedanken an die Oberfläche zu bringen. Mit der Zeit und etwas Geduld gelang es Olivia schließlich zu erkennen, dass sie keine Angst vor Parkuhren haben musste und dass dieses, wenngleich beängstigende, Erlebnis jetzt in der Vergangenheit lag und sie ihre Angst verstand und dadurch nicht mehr so sehr von ihr beherrscht wurde.

Gibt es nicht bewusste Überzeugungen und implizite Erinnerungen, die Ihr Kind beeinflussen? Ist das Verhalten Ihres Kindes manchmal besonders unangemessen, heftiger oder irrationaler als normalerweise? Gibt es in solchen Momenten Muster oder Verhaltensweisen, die Sie möglicherweise auf implizite Erinnerungen zurückführen? Überreagiert Ihr Sohn auf bestimmte Situationen (*zur Schule gebracht werden, neue Fertigkeiten lernen, bestimmte Geräusche*)? Hat Ihr Sohn früher bestimmte Sachen gerne gemacht, die ihm auf einmal keine Freude mehr bereiten (*zum Strand gehen, Fahrrad fahren, abends ins Bett gehen*)?

Zeigt Ihr Kind auffällige Verhaltensweisen, werden Sie wahrscheinlich nicht versuchen, implizite Erinnerungen offenzulegen. Sie werden eher innehalten und seine Grundbedürfnisse überprüfen: Ist Ihr Sohn hungrig, wütend, einsam oder müde? Helfen Sie ihm dann, solchen Bedürfnissen, falls erforderlich, nachzukommen.

Ist Ihr Kind zu:	IS YOUR CHILD TOO:
HUNGRIG?	HUNGRY?
WÜTEND?	ANGRY?
EINSAM?	LONELY?
MÜDE?	TIRED?

Wenn wir unseren Kinder dabei helfen, ihre *Vergangenheit* zu verstehen, helfen wir ihnen, ihre *Gegenwart* zu verstehen. Es gibt ihnen das Gefühl des Verstandenseins und des Einflusses über ihre Gedanken und Gefühle sowie den Grund, warum sie sich so verhalten, wie sie sich verhalten.

Denken Sie jetzt an einige extreme Verhaltensweisen Ihres Kindes zurück und notieren Sie sie.

....

....

....

....

....

Sitzen Sie anschließend einige Minuten in Stille. Nehmen Sie wahr, ob Gedanken auftauchen, die das Verhaltensmuster Ihres Kindes erklären. Schreiben Sie alle möglichen Ursachen auf, die Ihnen in den Sinn kommen. Denken Sie an Gespräche mit Ihrem Sohn zurück, an seine Fragen oder an große oder kleine Ereignisse, die vor einer Verhaltensänderung stattfanden und vielleicht indirekt auf sie zurückzuführen sind. Fällt Ihnen, mit diesem Wissen, irgendetwas besonders auf? Wir meinen zum Beispiel Folgendes:

Unsere Tochter war in der letzten Zeit sehr wütend auf uns. Ich verstand zuerst nicht, warum. Aber dann fiel mir etwas ein. Ich war vor Kurzem eine Woche im Krankenhaus und sie sah mich in der Zeit nicht. Jetzt, wo ich darüber nachdenke, erinnere ich mich daran, dass meine Frau die erste Nacht bei mir im Krankenhaus verbrachte. Als meine Tochter am nächsten Morgen aufwachte, hatte sie Angst, weil Oma, statt Mama, da war. Meine Frau konnte sie dann einige Zeit lang nicht sehen, weil sie sich um mich kümmern musste. Ich frage mich, ob all das ihr nicht das Gefühl gegeben hat, dass ich Schuld hatte, dass ich ihr die Mama weggenommen hatte.

Wir legen nicht nahe, eine Situation auf die eine oder andere Art zu interpretieren, die falsch sein kann, aber es ist möglich, dass Ihr Kind in bestimmten Fällen zu einem schwierigen Moment in der Vergangenheit zurückkehren muss und dabei Ihre Unterstützung benötigt, um diesen Moment gedanklich zu verarbeiten. Schreiben Sie nun mögliche Erklärungen für das Verhalten Ihres Kindes auf:

....

....

....

....

....

....

....

....

....

....

....

....

....

Indem Sie mit Ihrer Tochter über diese Erlebnisse sprechen und ihr vermitteln, dass ihre impliziten Erinnerungen eventuell fälschlicherweise ein Glaubenssystem gebildet haben, helfen Sie ihr aus dem Verhaltensmuster heraus, in dem sie feststeckt.

Und das trifft auch auf uns selber zu. Wir kehren gleich zu den Erinnerungen unserer Kinder zurück. Lassen Sie uns zuerst einen Blick darauf werfen, welchen Einfluss Erinnerungen auf Sie als Mutter oder Vater haben.

Welche Erinnerungen könnten einen Einfluss auf Sie haben?

Denken Sie über Momente nach, in denen *Sie* besonders verunsichert, wütend oder darauf bedacht waren, Dingen aus dem Weg zu gehen. Kommt Ihnen Ihre Antwort überproportional zum Vorfall vor, könnten implizite Erinnerungen der Motor Ihrer Reaktion gewesen sein. Oder Sie wissen vielleicht nicht, warum Sie bestimmte Gewohnheiten oder Auslöser entwickelt haben. Finden Sie keine eindeutige Antwort zum Grund Ihres Verhaltens, dann sind möglicherweise implizite Erinnerungen im Spiel.

Wir haben in der nachfolgenden Tabelle einige Beispiele für Sie aufgeführt. Lesen Sie sie und überlegen Sie sich dann Beispiele aus Ihrer eigenen Vergangenheit, die zu Ihren gegenwärtigen Gedanken oder Verhaltensweisen beitragen. Da Sie bei dieser Reflexion niemanden haben, der für Sie auf mögliche Verknüpfungen hindeutet, ist es vermutlich am einfachsten, ein bestehendes Verhaltens- oder Gedankenmuster zu beschreiben und erst dann eine Vermutung anzustellen, welche Ereignisse oder Erfahrungen zu den impliziten Erinnerungen geführt haben könnten, die nun alles miteinander verknüpfen.

Versuchen Sie es! Je mehr Bewusstsein Sie diesen längst vergessenen Ereignissen und Erinnerungen entgegenbringen, desto klarer und expliziter werden sie. Dann können Sie die Puzzleteile zusammenfügen, um Ihre Verhaltensweisen, Emotionen und Empfindungen besser zu verstehen. Und ein besseres Verständnis bedeutet, sie verlieren ihre Macht über Sie.

Gegenwärtige Gedanken/ Verhaltensweisen	Vergangene Erlebnisse/ Erfahrungen	Implizite Erinnerungen
Ich fühle mich nicht wohl in meiner Haut. Ich mache mir zu viele Sorgen über mein Aussehen und das, was ich esse.	*Als Kind machte meine Mutter sich häufig wegen ihres Körpers und Gewichts selber schlecht und war mit ihrer Figur sehr unzufrieden.*	*Frauen müssen dünn sein. Dicksein ist nicht gut. Glücklich sein hängt von Aussehen und Gewicht ab.*
Angst, in vielen Lebensbereichen ein Risiko einzugehen. Ich mache mir zu viele Sorgen darüber, Hindernisse für meine Tochter aus dem Weg zu räumen, damit sie kein Risiko eingehen muss, um erfolgreich zu sein.	*Nach einer Verletzung versuchten meine übervorsichtigen Eltern, mich vor jeglichen Verletzungen zu schützen, indem sie mein Spielen einschränkten und mich oft baten, vorsichtig zu sein.*	*Ich kann Risiken nur sehr schlecht einschätzen. Ich kann nicht gut auf mich selber aufpassen. Ein Risiko einzugehen ist für mich und meine Kinder schlecht. Es ist zu gefährlich.*

Gegenwärtige Gedanken/ Verhaltensweisen	Vergangene Erlebnisse/ Erfahrungen	Implizite Erinnerungen

Vergessen Sie nicht, dass implizite Erinnerungen auch zu positiven Verhaltensweisen und Konzepten beitragen. Hat eine Verhaltensweise dagegen negative Folgen für Sie oder Ihre Familie, sollten Sie sich die aufwühlenden Erlebnisse genauer ansehen, die ihre Spuren in Form von nicht integrierten impliziten Erinnerungen zurückgelassen haben könnten.

6. Strategie für ein integriertes Gehirn: Die Fernbedienung des Geistes nutzen

Was unsere Kinder (oder unsere eigenen Kindheitserinnerungen) betrifft, ist es wichtig, nicht zu vergessen, dass beunruhigende Erlebnisse nicht immer in unsere erwachsene Vorstellung von traumatischen Ereignissen passen. Für Kinder kann ein Sturz vom Fahrrad, Angst vor lauten Händetrocknern in öffentlichen Toiletten oder ausgelacht zu werden traumatisch sein. Entscheidend ist, wie Ihr Kind das Erlebnis verarbeitet und damit umgeht. Anders ausgedrückt, am wichtigsten für einen gesunden Geisteszustand ist, die Erinnerung an die beunruhigenden Erfahrungen zu integrieren.

Das Erzählen von Geschichten ist eine der wirksamsten Mittel, die Erlebnisse Ihres Kindes zu integrieren. Wir haben bereits einige nützliche Strategien des Geschichten-Erzählens erwähnt (*Benennen, um es zu zähmen; das eigene Bilderbuch gestalten; eine Collage erstellen*), die die Integration der linken und rechten Hirnhälfte und des oberen und unteren Gehirns fördern.

Manchmal ist ein Erlebnis zu beängstigend für Ihren Sohn, als dass er bereit wäre, sofort über die gesamte Erfahrung zu sprechen. In diesem Fall können Sie ihn mit seinem inneren DVD-Player bekannt machen, der immer auch eine Fernbedienung hat, mit der er die Geschichte vor- und zurückspulen und anhalten kann. Diese „Fernbedienung des Geistes" schenkt ihm eine gewisse Kontrolle über die unangenehmen Erinnerungen. Zu wissen, dass er den Teil überspringen kann, über den er noch nicht bereit zu sprechen ist, gibt ihm mehr Sicherheit, wodurch er sich dann in seiner Zeit eher erlauben kann, auch auf den schwierigen Teil seines Erlebnisses zurückzukommen.

6. Strategie

Statt Weitergehen und Vergessen …

… versuchen Sie: Zurückgehen und Erinnern

Probieren Sie diese Strategie selber aus. Denken Sie an einen schwierigen Moment aus Ihrer Vergangenheit und berücksichtigen Sie dabei die Ereignisse vor und nach diesem Erlebnis. Erstellen Sie danach einen Zeitstrahl der Ereignisse wie im nachfolgenden Beispiel dargestellt:

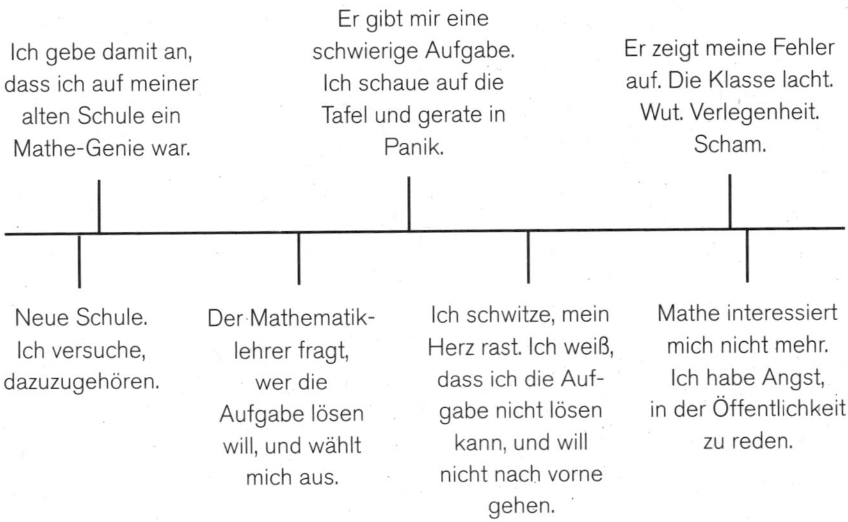

Wie Sie anhand dieses Beispiels sehen können, liegt eine Reihe von Momenten zwischen der ersten Erfahrung (*neue Schule, dazugehören wollen*) und der daraus resultierenden Erinnerung (*kein Interesse an Mathematik mehr, Redeangst*). Weil Sie die Fernbedienung des Geistes kennen, können Sie die Geschichte Ihrer schmerzlichen Erfahrung erzählen und, falls erforderlich, Teile vorübergehend überspringen und zu ihnen zurückkehren, wenn Sie dazu in der Lage sind.

Erstellen Sie nun Ihren eigenen Zeitstrahl ganz so, wie Sie möchten. Tragen Sie alle detaillierten Erinnerungen ein und versuchen Sie dann, die Geschichte zu erzählen, indem Sie Ihre Fernbedienung des Geistes benutzen.

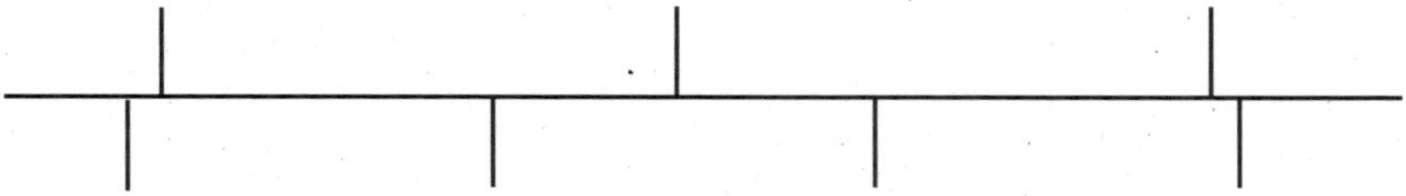

Vielleicht gab es Momente, die Ihnen zu peinlich sind und die Sie gerade jetzt nicht noch einmal durchleben möchten. Vielleicht verursacht der Rückblick auf die Ereignisse, die dem Erlebnis vorausgingen, zu viele Schmerzen, wenn Sie Ihre Geschichte erzählen. Das ist in Ordnung. Sie können vorspulen, zurückspulen und anhalten, wann immer Sie möchten.

Ihrem Kind helfen, eine Geschichte zu erzählen

Zu einem schmerzlichen Ereignis zurückzukehren kann eine sehr effektive Methode sein, die Sie auch mit Ihrem Kind ausprobieren können. Neben der Fernbedienung des Geistes stehen Ihnen weitere Strategien zur Verfügung:

Erinnerungshinkelkasten:

Besorgen Sie sich eine große Rolle Wachspapier, auf das Sie einen Hinkelkasten zeichnen. Lassen Sie Ihren Sohn über seine Erinnerungen hinkeln: Er kann die Erinnerungen überspringen, die ihm unangenehm sind, und auf denen landen, über die er gerne sprechen möchte. Und wenn er bereit ist, kann er zu übersprungenen Kästchen zurückkehren, bis er sich mit allen Erinnerungen wohler fühlt.

Das Schöne an diesem Spiel ist, dass das Kind die Kontrolle behalten kann und gleichzeitig keine Details der Erinnerung verändern muss, sondern *selbst entscheidet, wann und wie es sich auf diese Details konzentrieren möchte.* Und das kann der Unterschied sein zwischen ‚die Erfahrung verstehen' und ‚der Erfahrung aus dem Weg gehen'.

Einen Erinnerungsspeicher benutzen, um Erinnerungen miteinander zu verbinden

Hier ist eine weitere Strategie, die Sie anwenden können, um ein klareres Bild Ihrer impliziten Erinnerungen zu bekommen. Vielleicht erinnern Sie sich noch daran, dass wir in *Achtsame Kommunikation mit Kindern* implizite Erinnerungen mit Puzzleteilen verglichen haben, die der Hippocampus zusammensetzt. Das Licht des Gewahrseins muss auf die impliziten Erinnerungen gerichtet sein, um sie explizit zu machen: Die Puzzleteile werden so zu einem erkennbaren und verständlichen Bild zusammengefügt.

Wir möchten Ihnen nun gerne die Gelegenheit geben, etwas Ähnliches zu tun und die verschiedenen Teile einer vergangenen Erfahrung zu nehmen und sie zu einem kohärenten, erkennbaren und verständlichen Bild zusammenzusetzen. Sie können diese Übung auch gerne mit Ihren Kindern machen. Versuchen Sie sie aber zuerst alleine. Wenn Sie sich selber nicht als künstlerisch veranlagt sehen, macht das gar nichts. Bei dieser Übung geht es nicht darum, es „richtig" zu machen. Es geht darum, sich über Ihre eigene Geschichte, insbesondere eine bestimmte Begebenheit, klar zu werden.

Suchen Sie sich ein Erlebnis aus Ihrer Vergangenheit aus, mit dem Sie sich in der vorangegangen Reflexion beschäftigt haben. Oder wählen Sie ein anderes aus, wenn Sie möchten. Falls möglich, entscheiden Sie sich für eines, das besonders schmerzlich für Sie war (oder immer noch ist). Je mehr Emotionen Sie über dieses Erlebnis haben, desto effektiver wird diese Übung sein. Aber übernehmen Sie sich auch nicht – lassen Sie die Emotionen nur soweit zu, wie sie für Sie noch erträglich sind.

Aber zuerst die Materialien:

- Papier, das nicht zu dünn und leicht ist (Pappe, Karton, Plakatkarton). Je größer das Papier, desto mehr passt aufs Papier. Sie bestimmen die Größe.
- Schnur, Band oder Garn – dick genug, dass Sie es aus einigen Metern Entfernung sehen können.

- Leim. Heißklebepistolen eignen sich am besten, da sie am schnellsten trocknen. Sie sind in Bastelgeschäften erhältlich. Jeder Alleskleber tut es ebenso.

Sitzen Sie dann in Stille und denken Sie an das Erlebnis aus Ihrer Vergangenheit zurück. Schreiben Sie alles auf, an das Sie sich erinnern können (*Empfindungen, Bilder, Gefühle, Gedanken, Überzeugungen, Wünsche, Gerüche, Geräusche*). Notieren Sie auch Erinnerungen aus der Zeit kurz vor und nach dem Erlebnis sowie während des Erlebnisses. Nehmen Sie, falls nötig, extra Papier.

Es wird Sie vielleicht überraschen, an wie viele Dinge Sie sich erinnern, die keinen Zusammenhang zum Erlebnis zu haben scheinen. Bitte keinerlei Redigieren! Sie versuchen, zu Ihren impliziten Erinnerungen vorzudringen, jenen Erinnerungen, auf die nicht als etwas Vergangenes zugegriffen wird. Es ist daher durchaus möglich, dass das, was in Ihr Gewahrsein tritt, zuerst nicht viel Sinn ergibt. Es sind vielleicht Bilder oder Empfindungen, von denen Sie nicht wissen, warum Sie sie aufschreiben. Folgen Sie einfach Ihrer Intuition, denn Ihr rationaler Geist kann Ihnen vermutlich nicht sagen, warum diese oder jene Empfindungen, Bilder, Gefühle oder Gedanken an die Oberfläche treten. Üben Sie *Mindsight*, das innere Sehen, richten Sie den Blick nach innen und lassen Sie hochkommen, was immer erscheint! Schreiben Sie alles auf und entscheiden Sie später, wenn Sie Ihren Erinnerungsspeicher gestalten, was Sie behalten und was nicht.

Sammeln Sie jetzt die Materialien, die jede dieser Erinnerungen symbolisieren und die Sie durch den Blick nach innen aus Ihrem Geist ans Tageslicht gebracht haben. Aus Zeitschriften ausgeschnittene Wörter oder Bilder sind am einfachsten. Wenn Sie kreativer sein möchten, eignen sich auch folgende Materialien:

- Seiten aus einem Buch, das Sie zu der Zeit lasen
- Ein Stück Stoff von einem Lieblingskleid
- Ein Kinoticket
- Alte Fotos
- Eine getrocknete Blume
- Ein Zitat, das Sie an das Erlebnis zurückdenken lässt
- Liedtexte
- *Am wichtigsten ist, dass Sie sich etwas aussuchen, das dieses bestimmte Erlebnis symbolisiert, und etwas, das Sie im gegenwärtigen Moment symbolisiert.*

Je konkreter Sie bezüglich Ihrer Erinnerungssymbole werden, desto mehr Emotionen (und möglicherweise vergessene Emotionen) werden entstehen. Es ist so, wie zufällig ein längst vergessenes Lieblingsspielzeug Ihres Kindes zu finden.

Platzieren Sie das symbolische emotionale Ereignis links und das Symbol, das Sie im gegenwärtigen Moment darstellt, rechts auf das Papier. Zur Erinnerung: Bestimmte implizite Erinnerungen haben explizite Elemente. Es ist daher möglich, dass bestimmte Aspekte aus Ihrer Vergangenheit zu kommen scheinen. Das ist ganz in Ordnung – konzentrieren Sie sich einfach darauf, diese Bilder zusammenzufügen.

Kleben Sie nun die von Ihnen gesammelten Objekte auf das Papier, um einen Zeitstrahl aller Erinnerungen zu gestalten. Wo Sie sie platzieren, ist ganz allein Ihre Entscheidung. Ihr Zeitstrahl muss keine gerade Linie repräsentieren. Er kann im Zickzack verlaufen oder sich schlängeln, wenn Ihnen danach ist. Vielleicht sammeln sich viele Erinnerungen um das Ereignis herum und dann gibt es wieder große, freie Stellen auf dem Papier. Einige mögen im Kreis zurück zum Anfangspunkt führen oder sich überdecken. Andere liegen möglicherweise weit auseinander.

Achten Sie darauf, welche *Gefühle* diese Erinnerungen in Ihnen auslösen und wie Sie sie erleben. Schauen Sie zurück und erinnern Sie sich in linearer Form? Oder sind Ihre Erinnerungen manchmal durcheinander gewürfelt? Scheinen manche keinen Sinn zu ergeben? Redigieren Sie bitte noch nichts und *kleben Sie Ihre Symbole erst dann auf*, wenn Sie mit der Platzierung aller Objekte zufrieden sind. Legen Sie alles aufs Papier und schauen Sie sich dann das Ganze aus einiger Entfernung an.

Tun Sie das so lange, bis alles „passt" und Ihre Geschichte richtig wiedergibt. Sie sind letztendlich dabei, eine Repräsentation Ihrer impliziten und expliziten Erinnerungen zu schaffen. Am Anfang steht Ihr schmerzliches Erlebnis und alles, an das Sie sich diesbezüglich erinnern. Sie richten danach Ihre Aufmerksamkeit bewusst auf alle Gedanken, Erfahrungen und Emotionen, an die Sie sich erinnern können, indem Sie sie dort auf dem Papier befestigen, wo sie zwischen dem ursprünglichen Erlebnis und dem gegenwärtigen Moment hingehören.

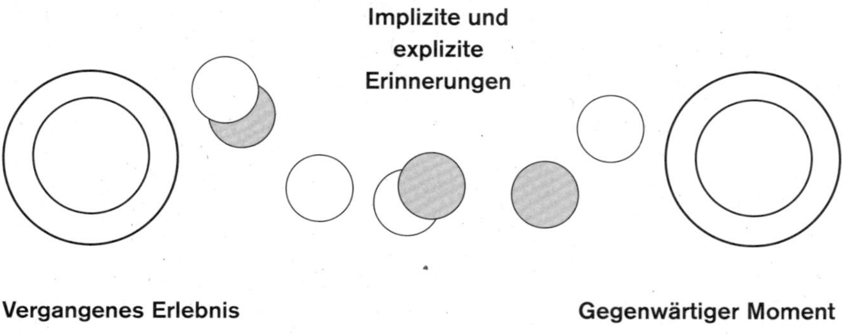

Wenn Sie den richtigen Platz für Ihre Erinnerungen gefunden haben, kleben Sie sie fest. Nehmen Sie dann das Garn und verbinden – genauer gesagt integrieren – Sie Ihre Erinnerungen. Kleben Sie das eine Ende des Garns an das vergangene Erlebnis und führen Sie das Garn durch alle Ihre Erinnerungen. Verbinden Sie sie miteinander und kleben Sie sie fest, bis Sie schließlich das Symbol Ihres gegenwärtigen Selbst am Ende des Zeitstrahls erreichen.

Überlegen Sie sich dabei, welche Erinnerungen explizit sind und sich leicht miteinander verbinden lassen und welche implizit sind und vielleicht andere Gedanken hervorrufen. Sie können eine bestimmte Farbe für explizite Erinnerungen auswählen und eine andere für Erinnerungen, die implizit waren, bis Sie sie genauer betrachtet haben. Benutzen Sie viele verschiedene Fäden und ziehen Sie sie durch verschiedene Erinnerungen. Geben Sie alten, nicht so klaren Erinnerungen eine Farbe und Erinnerungen, die sich abheben, weil sie gestern passiert sind, eine andere.

Wie auch immer Sie Ihren Erinnerungsspeicher gestalten und wie auch immer er am Ende aussehen mag, Sie machen einen symbolischen Spaziergang durch Ihre Erinnerungen und nehmen ein schmerzliches Erlebnis näher in Augenschein. Und wenn es hilft, diese in Kategorien wie Empfindungen, Bilder, Gefühle und Gedanken einzuordnen, fantastisch! Funktioniert etwas anderes besser für Sie, ausgezeichnet! Entscheidend ist, dass Sie sich den mentalen Raum geben, um über diese impliziten und expliziten Elemente nachzudenken. Dabei gibt es kein Richtig und kein Falsch. Allein der Akt, Ihre Geschichte bildlich darzustellen, ist ein integrativer Prozess, ungeachtet dessen, wie er sich für Sie entfaltet. Er hilft Ihnen, ein klareres Bild davon zu gewinnen, wie Ihre Erinnerungen entstanden sind und wie sie sich miteinander verbinden, um Ihre gegenwärtigen Emotionen, Gedanken, Bilder und Empfindungen zu erzeugen. Und infolgedessen integrieren Sie implizite und explizite Erinnerungen und lernen, ein schmerzliches Erlebnis wirklich zu verstehen, damit es seine Macht über Sie verliert.

7. Strategie für ein integriertes Gehirn: Sich an das Erinnern erinnern

Sie wissen jetzt, wie bejahend es sein kann, sich an die Details vergangener Erlebnisse zu erinnern. Sehen wir uns daher jetzt an, wie Sie Ihren Kindern dabei helfen können, ihre Fähigkeit zu fördern, sich auf Details des *gegenwärtigen* Moments zu konzentrieren.

Wir wissen, dass Eltern oft glauben, sie müssten viel Zeit reservieren, um die erlernten pädagogischen Methoden auch anzuwenden. Wie bei den anderen Strategien, die wir in *Achtsame Kommunikation mit Kindern* vorstellen, geht es bei dieser Strategie auch nur darum, *Alltagsmomente* absichtsvoller mit unseren Kindern zu nutzen, damit die Entwicklung ihres Gehirns gefördert wird und sie wichtige Lebens- und Beziehungsfertigkeiten lernen. Sie brauchen noch nicht einmal Garn oder Leim!

Die Strategie „Sich an das Erinnern erinnern" geht viel weiter, als Ihre Tochter zu fragen, wie ihr Tag war.

Bei dieser Strategie wollen wir alltägliche Momente als Anlass für unsere Kinder nutzen, sich an wichtige Erlebnisse zu erinnern. Bestimmte Fragen zu stellen, ein Ritual daraus zu machen, sich an Details zu erinnern, und Gelegenheiten zu schaffen, zurückzudenken – all das sind Möglichkeiten, unsere Kinder darin zu unterstützen, sich daran zu gewöhnen, sich auf die Details vergangener Erlebnisse zu konzentrieren und sie zu untersuchen. Auf diese Weise helfen wir ihnen dabei, ihre impliziten und expliziten Erinnerungen zu integrieren – und als fabelhafte Dreingabe haben wir Eltern eine engere Verbindung zu unseren Kindern!

7. Strategie

Statt „Wie war dein Tag?" …

… versuchen Sie: an das Erinnern zu erinnern

An was sollen sich Ihre Kinder erinnern?

Vor vielen Jahrhunderten kannten die Menschen Details aus ihrem Leben, weil man Geschichten erzählte und die Familiengeschichte über Generationen hinweg in Liedern, Büchern und Gesprächen weitergab. Einzelheiten wurden im Laufe der Zeit vergessen oder verändert, aber die wichtigen Geschichten waren tief verwurzelt und bleiben im Gedächtnis.

Erstellen Sie für die nächste Übung eine Liste wichtiger Ereignisse, an die sich Ihre Kinder erinnern sollen. Fangen Sie damit an, sich Ideen zu notieren, die in die unten beschriebenen Kategorien fallen. Wir haben einige Beispiele angegeben, um Ihnen den Einstieg zu erleichtern. Fügen Sie Ihre eigenen Erinnerungen hinzu.

Kategorie	**Ereignisse**
Einmalige Familienereignisse	*Hochzeitsfeier. Das letzte Mal, als wir Oma sahen. Universitätsabschluss. Ein besonderer Feiertag.*
Traditionen	*Familienspieleabend. Fischstäbchen-Freitag. Gemeinsam zelten. Das Haus weihnachtlich schmücken.*

Kategorie	Ereignisse
Bedeutende Momente	*Gemeinsam ein Baumhaus bauen.* *Spenden fürs Tierheim sammeln.* *Der Nachbarin helfen, den Zaun zu reparieren.* *Unser Urlaub im Grand Canyon.*
Sonstige Erinnerungen	*Lernen, wie man Lasagne macht.* *Die Nachbarin mit all den Katzen kennenlernen.* *Das Fußballspiel, in dem kein einziges Tor fiel.*

Unsere Kinder haben alle möglichen Erinnerungen an vergangene Erlebnisse, ungeachtet dessen, was wir als Eltern tun. Dennoch ist das absichtsvolle Sich-Erinnern eine Gelegenheit für Sie, die Art mitzugestalten, wie Ihre Kinder sich selber und Ihre Familie sehen, wie sie Ihre gemeinsam verbrachte Zeit wahrnehmen und wie ihre Sicht vergangener Erlebnisse ihre Zukunft prägt.

Ihren Kindern helfen, sich zu erinnern

Beim Erinnern muss es nicht um große, bedeutende und folgenschwere Momente gehen. Forschungen haben gezeigt, dass Kinder, die über „das Erinnern" sprechen (*engl. „memory talk"*), sich besser erinnern. Sich zu erinnern ist Teil der Gehirnfunktion und wir wollen das Sich-Erinnern benutzen, um es besser zu machen, um es wie einen Muskel zu trainieren. Überlegen Sie sich, zusätzlich zu den oben aufgeführten wichtigen Erlebnissen, Möglichkeiten, Ihren Kindern im Alltag beim Sich-Erinnern zu helfen. Wie können Sie beim Falten der Wäsche, Einkaufen und Arztbesuch über „das Erinnern" sprechen?

In *Achtsame Kommunikation mit Kindern* haben wir dazu einige Vorschläge gemacht, wie zum Beispiel Ihre Kinder zu bitten, Ihnen zwei Dinge zu nennen, die heute geschehen sind, und eins, das nicht passiert ist, sowie von etwas Gutem und Schlechtem und einer freundlichen Tat zu berichten. Sich gemeinsam alte Videos und Fotoalben anzuschauen ist ebenfalls eine gute Gelegenheit, das Wiedererinnern an vergangene Ereignisse in Ihren Kindern zu fördern.

Ihre Kinder sind einzigartig. Wie können Sie ihnen am besten dabei helfen, sich an wichtige Ereignisse zu erinnern? Ihr Sohn hat vielleicht keine Probleme, von seinem Tag zu erzählen. Ihre Tochter benötigt vielleicht etwas mehr Ermunterung. Erstellen Sie eine Liste, wie Sie Ihre Kinder dazu anregen können, über ihre Erinnerungen nachzudenken. Hier sind als Einstieg unsere Vorschläge:

1. Führen Sie ein Achtsamkeitstagebuch und halten Sie Momente des Tages fest, derer Sie sich bewusst waren. Schreiben Sie einige Worte über Ihre Gefühle, Umgebung und Beobachtungen auf. Tauschen Sie sich über diese Momente beim Abendessen oder vor dem Schlafengehen aus. Suchen Sie sich hier besonders die Momente aus, die Sie gemeinsam erlebten. Wie unterschiedlich Sie und Ihre Familie das gleiche Erlebnis wahrnehmen, kann sehr aufschlussreich für Ihre Kinder sein.

2. Bitten Sie Ihre Kinder, Bilder über ihre Erinnerungen, Momente oder Alltagsrituale zu malen oder sie aufzuschreiben. Bewahren Sie die Bilder und Notizen in einem „Erinnerungsglas" auf. Sie können dann diese Erinnerungen jederzeit hervorholen (bei gemeinsamen Mahlzeiten, im Auto, in der Warteschlange) und zusammen zu ihnen zurückkehren. Kinder haben dabei viel Spaß!

Das sind unsere Vorschläge, notieren Sie Ihre eigenen hier. Wie können Sie Ihrer Familie helfen, sich an das Erinnern zu erinnern?

....

....

....

....

Ihre Kinder darin zu unterstützen, sich ihrer alltäglichen Erfahrungen bewusst zu werden, ihnen beizubringen, wie sie auf Vergangenes zurückblicken und sich an Einzelheiten erinnern können, und ihnen zu zeigen, wie ihre Vergangenheit ihre Gegenwart beeinflusst, trägt alles dazu bei, die Erinnerungen Ihrer Kinder zu integrieren und das Implizite explizit zu machen.

Welche Erinnerungen möchten Sie gemeinsam mit Ihren Kindern schaffen?

Selbst dann, wenn wir uns an Vergangenes erinnern, schaffen wir ständig neue Traditionen und Erinnerungen. Wir können das absichtsvoll tun, indem wir Rituale und Gewohnheiten schaffen, die das betonen, was uns am Herzen liegt. Das können sein: Familienabende, anderen helfen oder sich um sich selber kümmern.

Als Tinas Kinder noch klein waren, bat sie sie jedes Jahr zum Erntedankfest, etwas, für das sie dankbar waren, auf ein blattförmiges Stück Papier zu schreiben. Sie ließ die Blätter laminieren und mit der Zeit entstand eine Girlande, die die vielen Dinge, für die sie dankbar waren, symbolisierte und die jedes Jahr Blatt für Blatt länger wurde.

Die fertige Sammlung dieser Dankbarkeitsblätter, als ihre Kinder klein waren, und die kindlichen Handschriften auf ihnen rufen zweifelsohne viele Erinnerungen und Emotionen hervor – nicht nur für ihre Söhne, sondern auch für Tina und ihren Mann. Bedeutsame Traditionen wie diese ermöglichen einer Familie, ihre Erfahrungen miteinander zu teilen, und solche Erfahrungen sind es dann, die später, wenn die Kinder groß sind, als Erinnerungen herausragen.

Jetzt sind Sie an der Reihe: Wie können Sie neue Erinnerungen und Traditionen für Ihre Familie schaffen? Notieren Sie zuerst gemeinsame Gewohnheiten, an die sich Ihre Kinder später sehr wahrscheinlich erinnern werden. Fangen Sie mit kleinen, täglichen oder wöchentlichen Gewohnheiten an, wie dem Schlafritual Ihrer Kinder oder dem gemeinsamen Samstagabend-Film.

....

....

....

....

....

....

....

Tun Sie das gleiche jetzt für seltenere Traditionen: vielleicht ein bestimmter Sommerurlaub, Erntedankfest bei Onkel Chris oder Wassereis auf dem Dach am letzten Schultag.

Sie werden vermutlich angenehm überrascht sein, wie viele Traditionen Sie bereits haben! Überlegen Sie sich nun neue Traditionen und notieren Sie sie hier. Berücksichtigen Sie dabei tägliche und wöchentliche Ereignisse sowie Erinnerungen, die mehr an Jahreszeiten gebunden sind:

Wir möchten nicht, dass solche Ideen zu einem Muss werden. Überlegen Sie sich einfach nur Möglichkeiten, wie Sie Ihre Kinder dazu ermuntern, über ihre Erfahrungen nachzudenken, und wie Sie Ihre gemeinsame Zeit als Familie bedeutender gestalten können. Ihre Familie wächst nicht nur näher zusammen, sondern diese Art von Intentionalität hilft Ihren Kindern (und Ihnen selber), jene Erinnerungsmuskeln zu trainieren, die sie letztendlich dazu befähigen, ihre vergangenen Erfahrungen zu verstehen.

Kinder mit einem integrierten Gehirn: Zeigen Sie Ihrem Kind, wie es die implizite Erinnerung explizit machen kann

Hat Ihre Tochter Schwierigkeiten mit einem vergangenen Erlebnis, helfen Sie ihr am besten, indem Sie sie die Geschichte des Erlebten erzählen lassen. Das Geschichten-Erzählen ist auch deshalb so effektiv, weil es sie verstehen lässt, was in ihrem Gehirn abläuft, wenn implizite Erinnerungen eines vergangenen Erlebnisses ihre gegenwärtigen Gedanken und Handlungen beeinträchtigen.

Kinder mit einem integrierten Gehirn: Zeigen Sie Ihrem Kind, wie es die implizite Erinnerung explizit machen kann

Die Puzzleteile der Erinnerung zusammensetzen

Zum Beispiel:

Es ist in der Tat möglich, einem kleinen Kind zu zeigen, dass vergessene explizite oder implizite Erinnerungen an vergangene Erlebnisse heute für Unruhe sorgen können. Wenn Sie gerne mit Ihrem Kind über eine Erinnerung sprechen möchten, könnten Sie beispielsweise zuerst gemeinsam die Illustration „Kinder mit einem integrierten Gehirn: Zeigen Sie Ihrem Kind, wie es die implizite Erinnerung explizit machen kann" lesen. Setzen Sie danach das Gespräch so fort, wie Sie es für richtig halten. Hier sind einige Beispiele als Gesprächsauftakt:

> *Denkst du jemals an den Tag zurück (an dem wir dich im Supermarkt aus den Augen verloren haben)? Kurz darauf wolltest du nicht mehr (bei Oma übernachten). Ich weiß, du denkst wahrscheinlich nicht, dass zwischen beiden ein Zusammenhang besteht, aber es ist irgendwie so, als ob beide die linke und rechte Seite eines Puzzles sind und die Mitte fehlt! Ich wette, wenn wir die fehlenden Teile einfügen, könnte das bei deiner Angst helfen. Sollen wir es versuchen?*

> *Mir ist aufgefallen, dass deine Reaktion auf kleine Dinge manchmal riesig ist. Du warst zum Beispiel richtig wütend, als du dich nicht mehr an die Jahreszahlen für deinen Geschichtstest erinnern konntest. Wusstest du, dass der Grund dafür manchmal Erinnerungen in deinem Gehirn sind, die du gar nicht erinnern kannst? Diese Erinnerungen machen dich wütend oder traurig oder ängstlich, aber weil du dich nicht daran erinnern kannst, dass du solche Erinnerungen hast, fühlen sich deine großen Gefühle so an, als kämen sie aus dem Nichts! Komisch, oder?*

> *Du weißt, wie man Google benutzt, um Antworten auf Fragen zu bekommen, nicht? Wusstest du, dass es einen Bereich in deinem Gehirn gibt, der Hippocampus heißt und auch eine Art Suchmaschine ist? Wenn du etwas erlebst (mir beim*

Zubereiten des Abendbrots hilfst, neue Leute kennenlernst, in ein Flugzeug steigst...), führt dein Gehirn eine kleine Suche nach Erinnerungen durch, die zu dieser Erfahrung passen. Die Sache ist nur die, wenn deine Suchmaschine, wie in diesem Cartoon, nicht alle Erinnerungen finden kann, weil die anderen versteckt sind, findet sie nicht immer die richtigen Informationen! Wenn du dich zum Beispiel beim Zubereiten des Abendbrots mit mir nur daran erinnerst, dass du dir die Hand verbrannt hast, wirst du vielleicht nicht mehr mit mir kochen wollen. Aber weil wir viel über diesen Abend gesprochen haben, erinnerst du dich auch daran, dass du dir die Hand verbrannt hast, weil du nicht aufgepasst hast und noch klein warst. Wenn deine Suchmaschine jetzt nach Erinnerungen ans Kochen sucht, weißt du, dass du jetzt größer bist und dass Kochen keine Angst, sondern Spaß macht, wenn du vorsichtig bist.

Kinder mit einem integrierten Gehirn: Übung
Ein Erinnerungsbuch machen

Über beunruhigende Erlebnisse zu sprechen, um implizite Erinnerungen freizuschalten, ist eine Möglichkeit, die Fähigkeit Ihrer Kinder darin zu unterstützen, ihre Gefühle besser zu regulieren. Ihre Kinder darin zu unterstützen, von Anfang an mehr Erinnerungen explizit zu machen, ist eine andere. Wir haben darüber gesprochen, ein Erinnerungsbuch anzufertigen, mit dessen Hilfe Ihre Tochter Einzelheiten über wichtige Erlebnisse besser behalten kann, die sie anderenfalls vergessen würde. Das macht Spaß und schafft gleichzeitig glückliche, explizite Erinnerungen. Ihre Tochter wird sich dadurch vielleicht auch motiviert fühlen, später selber weitere Erinnerungsbücher zu gestalten.

Der Stil, für den Sie sich für Ihr Erinnerungsbuch entscheiden, ist ganz Ihnen und Ihrem Kind überlassen und kann vom formlosen Scrapbook bis zum formalen Fotoalbum reichen. Nachdem Sie sich entschieden haben, auf welche Erfahrung Sie sich in Ihrem Erinnerungsbuch konzentrieren wollen, sammeln Sie Gegenstände, die eine symbolische Bedeutung für Ihr Kind haben.

Handelt Ihr Erinnerungsbuch von einem kürzlichen Familienurlaub, können solche Gegenstände wie Fotos, Muscheln, Fahrpläne, Speisekarten, Zirkustickets, Landkarten oder Münzen in der ausländischen Währung darin sein. Während Sie jeden Gegenstand ins Buch kleben, lassen Sie Ihren Sohn Beschreibungen aufschreiben (oder diktieren). Vielleicht möchte er gerne Anmerkungen hinzufügen: wo er war, wer mit ihm dort war, was er dachte, wie er sich fühlte, wie das Wetter war. Dadurch, dass er diese verschiedenen Teile seiner Erinnerung an das Erlebnis wahrnimmt, wird er sich nicht nur dessen bewusst werden, welchen Einfluss diese Erfahrung auf ihn hat, sondern er wird auch anfangen, detailliertere Erinnerungen an diese besonderen Momente in seinem Leben festzuhalten.

So geben wir unseren Kindern Übung darin, sich zu erinnern, und helfen ihnen dabei, ihre Erinnerungen zu integrieren, indem sie das Implizite explizit machen.

KAPITEL 5

Die vereinigten Zustände des Ich

Die vielen Teile des Selbst integrieren

> *Durch die Ausrichtung unserer Aufmerksamkeit müssen wir nicht mehr so sehr von Faktoren in und um uns herum beeinflusst werden, sondern können selbst diese Faktoren beeinflussen. Wenn wir die Vielzahl sich verändernder Emotionen und Kräfte in und um uns herum erkennen, dann können wir sie als Teile von uns wertschätzen und sogar annehmen. Aber wir müssen ihnen nicht die Macht geben, uns herumzukommandieren oder uns zu bestimmen.*
>
> ACHTSAME KOMMUNIKATION MIT KINDERN

Eines der größten Geschenke, das wir unseren Kindern machen können, ist die Fähigkeit, ihren eigenen Geist und den ihrer Mitmenschen zu verstehen. Diese Fähigkeit wird als „Mindsight“ bezeichnet. Dan prägte diesen Begriff in seinem akademischen Buch *Wie wir werden, die wir sind* und beschäftigte sich sehr detailliert mit diesem Konzept in seinem populären Buch *Mindsight – Die neue Wissenschaft der persönlichen Transformation. Mindsight* ist das Sehen und Verstehen des Selbst und der Menschen in unserem Leben. In diesem Kapitel werden wir uns näher mit der ersten Hälfte dieser Gleichung befassen: unseren eigenen Geist zu verstehen. In Kapitel 6 werden wir dann über die Wichtigkeit sprechen, unser „Ich“ mit anderen zu verbinden, so dass daraus ein „Wir“ wird.

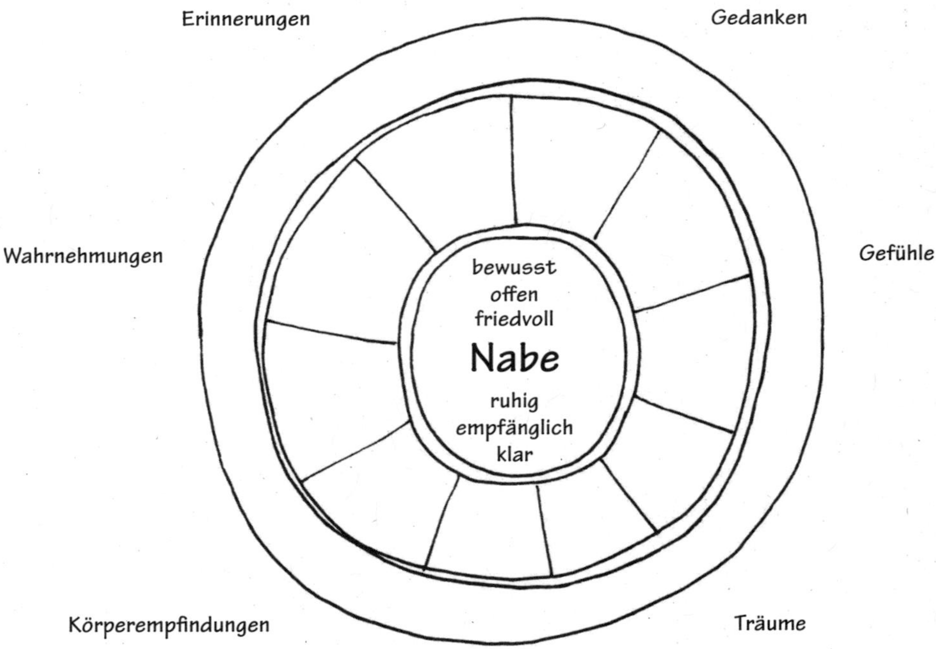

In diesem Kapitel geht es um das Rad des Gewahrseins. Zur Erinnerung: Ihr Geist kann als Rad eines Fahrrads dargestellt werden, mit einer Nabe in der Mitte und Speichen, die zum äußeren Rand, zum Rahmen, verlaufen. Der Rand repräsentiert alles, auf das wir unsere Aufmerksamkeit richten oder dessen wir uns bewusst werden können: unsere Gedanken und Gefühle, unsere Träume und Wünsche, unsere Erinnerungen, unsere Wahrnehmungen der äußeren Welt, unsere Verbindung zu anderen und unsere Körperempfindungen. Die Nabe ist der innere Ort des Geistes, aus dem heraus wir alles, was in uns und um uns herum geschieht, bewusst wahrnehmen. Die Nabe ist das „Wissen" von Gewahrsein, während der Rahmen das „Gewusste" in seiner ganzen Bandbreite darstellt. Von dieser Nabe des Gewahrseins aus können wir uns auf die verschiedenen Punkte auf dem Rahmen unseres Rades konzentrieren.

Festhalten am Rahmen: Wie wir zwischen „Ich fühle" und „Ich bin" unterscheiden können

Konnten Sie jemals nachts nicht schlafen, weil ein Gedanke Ihnen keine Ruhe ließ, oder den Moment nicht genießen, weil Sie sich Sorgen machten, oder waren Sie jemals so unruhig, dass Sie Magenschmerzen hatten? Dann wissen Sie, was es heißt, an einem Rahmenpunkt auf Ihrem Rad des Gewahrseins stecken zu bleiben, „sich auf dem Rahmen zu verlieren".

Wenn Ihre Tochter „auf dem Rahmen stecken bleibt", hat sie ihre Aufmerksamkeit zu sehr auf einige wenige Rahmenpunkte ausgerichtet (*Das Halloween-Kostüm hat mir Angst gemacht. Ich habe Angst, dass ich dieses Jahr in Mathe nicht mitkomme. Was ist, wenn ich meinen Text im Schultheaterstück vergesse?*) und kann nicht mehr das Gesamtbild, all die anderen Dinge auf dem Rahmen, sehen. Anstatt die Welt von der weiten Perspektive der Nabe aus zu sehen, sieht sie nur die besonderen Punkte, die einen ängstlichen und kritischen Geisteszustand hervorrufen, und verliert jene Aspekte ihres Lebens aus den Augen, die für mehr Ausgeglichenheit und Glück sorgen.

Die Nabe gibt uns das nachgiebige und weiträumige Gefühl, uns unseres Lebens gewahr zu sein. Wenn wir uns auf dem Rahmen verlieren, haben wir das Gefühl, starr und eingegrenzt zu sein. Ziel ist es, unsere Erfahrung auf der Nabe und dem Rahmen in Einklang zu bringen – beide in einem sogenannten „integrierten Bewusstsein" miteinander zu verknüpfen. Erwachsene können dies selber auf Dans englischsprachiger Website (DrDanSiegel.com) ausprobieren. Heranwachsende finden eine Anleitung in Dans Buch *Aufruhr im Kopf: Was während der Pubertät im Gehirn unserer Kinder passiert.* In *Achtsame Kommunikation mit Kindern* stellen wir diese nützliche Sichtweise des Geistes für Kinder vor.

In einem Zustand festzustecken, in dem Kinder sich nur dessen bewusst sind, was nicht funktioniert, kann bei ihnen Verwirrung auslösen: Sie können nicht mehr zwischen „Ich fühle" und „Ich bin" unterscheiden. Es ist für ein Kind schwer, den Unterschied zwischen „Ich *fühle* mich dumm" und „Ich *bin* dumm" zu verstehen. Das kann dazu führen, dass sich Ihre Tochter dadurch definiert, wie sie sich in dem Moment fühlt. Aus „Ich *fühle* mich einsam" oder „Ich *fühle* mich heute wie eine Versagerin" kann schnell „Ich *bin* einsam" oder „Ich *bin* eine Versagerin" werden. Gefühle kommen und gehen. Eine als „Ich bin" ausgedrückte Identität kann dagegen als festgelegt und unveränderbar empfunden werden. Anders ausgedrückt wird der vorübergehende Geisteszustand Ihrer Tochter, ihr zeitweiliger *Zustand* des Seins, stattdessen als dauerhafter *Wesenszug* empfunden, der sie als Mensch definiert.

Zustände, Wesenszüge und Ihr Kind

Fangen wir an und werfen wir zuerst einen Blick auf die üblichen Beschwerden Ihrer Kinder. Schreiben Sie alles auf, Beschwerden über die Geschwister, ihre Situation, was sie über sich selber sagen (*Mir ist langweilig; Mathe ist furchtbar; ich bin ein miserabler Fußball-Spieler*).

....

....

....

....

....

....

....

....

....

Sehen Sie sich jetzt die Liste noch einmal an. Wie oft werden die vorübergehenden Gefühle oder Zustände Ihres Kindes so ausgedrückt, als wären sie unveränderbare Charaktereigenschaften, die die Gesamtheit seines Seins beschreiben? Behalten Sie diese Idee im Hinterkopf, während Sie sich durch dieses Kapitel arbeiten. Später werden wir Ihnen die Gelegenheit – und einige Anleitungen – geben, wie Sie diese Idee mit Ihren Kindern erkunden können, indem sie ihr eigenes Rad des Gewahrseins benutzen.

Richten Sie aber zuerst Ihre Aufmerksamkeit auf sich selber und stellen Sie sich die gleiche Frage, die Sie sich oben über Ihr Kind gestellt haben: Worüber beklagen Sie sich am meisten, wenn Sie über Ihr eigenes Leben sprechen? (*Mein ältester Sohn ist so faul; meine Kinder räumen nie hinter sich auf; ich bin ständig müde; was heute bei der Arbeit passiert ist, stimmt mich traurig; warum muss ausgerechnet mein Kind immer krank sein?*). Achten Sie beim Aufschreiben darauf, ob Ihre Kritik als Zustand („Ich fühle") oder Wesenszug („Ich bin") formuliert ist. Ändern Sie sie aber bitte nicht! Notieren Sie sie so, wie Sie sie gedanklich formulieren oder sagen würden.

....

....

....

....

....

....

....

....

Wie Sie in den vorangegangenen Kapiteln gesehen haben, verstehen Sie sich nicht nur selber besser, wenn Sie sich Ihrer eigenen Verhaltensmuster bewusst werden, sondern Sie dienen Ihren Kindern für das gleiche Gewahrsein als Vorbild, das Sie auch in ihnen fördern wollen. Sich bewusst zu werden bedeutet, eine Wahl zu haben und Änderungen vornehmen zu können.

Ihr eigenes Rad des Gewahrseins

Gestalten wir jetzt anhand der obigen Liste Ihr eigenes Rad des Gewahrseins. Sie können es gerne unserer Vorlage nachempfinden.

In der traditionellen Version der Rad-Praxis (die sich an Heranwachsende und Erwachsene richtet) ist der Rahmen in vier Bereiche unterteilt: die fünf Sinne vom Sehen bis zum Tasten; die inneren Körperempfindungen; die geistigen Aktivitäten der Emotionen, Gedanken, Erinnerungen und Überzeugungen; und das Gefühl einer Verbundenheit in Beziehungen zu anderen Menschen. Die Speiche steht für Aufmerksamkeit und kann verschoben werden, um sie von der Nabe des Wissens innerhalb des Gewahrseins heraus zu jedem beliebigen Punkt auf dem Rahmen des Gewussten zu richten. Mit Hilfe dieses Bezugssystems können Sie Ihre eigenen Rahmenelemente sondieren und eine Speiche der Aufmerksamkeit durch alles schicken, was sich auf dem Rahmen befindet.

Für Heranwachsende ist ein weit offener Rahmen wahrscheinlich der hilfreichste Ansatz, denn er bietet ihnen die Freiheit, die Speiche der Aufmerksamkeit auf das zu richten, was in dem Moment am wichtigsten für sie ist.

Für welches Rad Sie sich auch immer entscheiden, es spielt keine Rolle, wie akkurat es aussieht, solange es Sie dazu anregt, Ihre eigenen Gedanken und Gefühle zu erforschen und sich mit dem Punkt zu beschäftigen, auf den Sie Ihre Aufmerksamkeit richten wollen.

Tragen Sie zuerst einige Rahmenpunkte ein. Schreiben Sie die negativen Gefühle, die Sie oben erwähnt haben und die Ihnen nahegehen, auf den Rahmen. Fügen Sie aber gleichzeitig die positiven Aspekte Ihres Lebens hinzu. Kleine Dinge wie „*Heute morgen gab es beim Frühstück weniger Streit.*" oder „*Heute habe ich mir die Zeit genommen, in diesem Arbeitsbuch zu arbeiten!*" sind genauso wichtig wie die großen Dinge wie „*Meine Tochter zeigt wirklich viel Verantwortungsgefühl.*" oder „*Mein Sohn beruhigt sich jetzt schon von alleine, wenn er wütend ist.*"

Wenn Sie den Rahmen fertig ausgefüllt haben, kehren Sie bitte zurück zu den Gedanken, die Sie beunruhigen oder sehr aufregen. Nehmen Sie wahr, wie sich diese Selbstkritik jetzt anfühlt, nachdem Sie sie zu Ihrem gesamten Leben in Beziehung gesetzt haben. Sie werden erkennen, dass viele dieser Kritikpunkte keine Wesenszüge sind, die Sie als Mensch definieren, sondern vorübergehende Geisteszustände.

Die Kraft der fokussierten Aufmerksamkeit

Hierbei geht es darum, wie und worauf wir unsere Aufmerksamkeit fokussieren. Wir können uns jederzeit entscheiden, uns auf die positiven, bejahenden Rahmenpunkte zu konzentrieren. Wir wollen die negativen Rahmenpunkte deswegen nicht ignorieren, sondern nur sicherstellen, dass wir eine Balance finden und die gesamte Perspektive berücksichtigen.

In *Achtsame Kommunikation mit Kindern* behandeln wir das Thema Neuroplastizität, das heißt die physische Veränderung des Gehirns in Abhängigkeit von unseren Erfahrungen und vom Objekt unserer Aufmerksamkeit. Zur Erinnerung: Neuronen, die zusammen feuern, vernetzen sich. Anders ausgedrückt aktivieren unsere Erfahrungen und Gedanken unsere Neuronen, sprich unsere Gehirnzellen, wodurch sich wiederum neue Verbindungen unter den Neuronen bilden, die zur gleichen Zeit aktiviert werden.

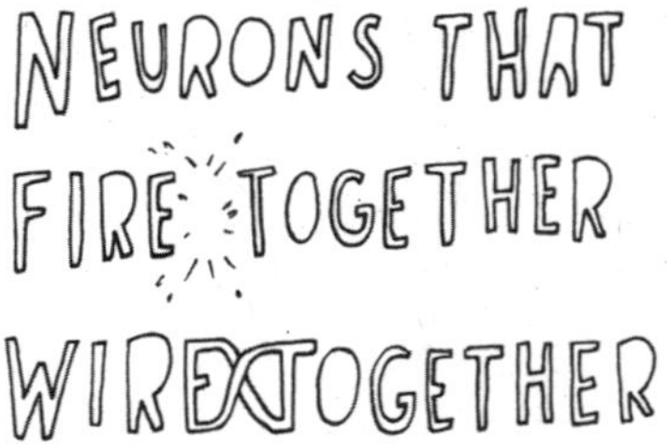

Neurone, die gemeinsam feuern, vernetzen sich

Das erklärt, warum wir stecken bleiben und uns nur mit bestimmten Emotionen und Sorgen beschäftigen, wenn wir uns nur auf ganz bestimmte Aspekte unseres Rahmens konzentrieren. Wenn wir unsere gesamte Aufmerksamkeit nur auf einen besonderen Rahmenpunkt richten, hat das nicht nur einen Einfluss auf unsere Psyche und Stimmung, sondern auf unser Gehirn als solches. Allerdings können wir lernen, unseren Fokus zu verlagern, wodurch wir lernen, unseren Geisteszustand zu verlagern. Wenn Sie jeden Tag eine Reflexionsübung zum Rad des Gewahrseins machen (Sie finden sie in englischer Sprache auf Dans Website), werden Sie lernen, achtsam zu sein, Ihren Geist im wahrsten Sinne des Wortes zu stärken und Ihr Gehirn zu integrieren.

Integrieren bedeutet, verschiedene Teile miteinander zu verbinden. Und genau das haben Sie gerade getan, als Sie sich oben auf andere, positive Rahmenpunkte konzentrierten. Sie steckten vielleicht auf einem Rahmenpunkt fest, der Sie grantig werden ließ, weil es ein langer Tag war und Ihr Sohn sich (schon wieder) weigerte, abends zu baden. Dann sahen Sie sich aber einige Minuten die positiven Aspekte Ihres Lebens an und Ihre Aufmerksamkeit konnte sich so auf die Tatsache ausrichten, dass Ihre Tochter keine Windeln mehr braucht oder Sie heute mit einer guten Freundin zum Essen verabredet waren.

Halten Sie diese Erfahrung jetzt schriftlich fest. Beschreiben Sie, wie sich die Dinge für Sie emotional veränderten, als Sie Ihre Aufmerksamkeit verlagerten, sowie jedes andere Detail, als Sie Ihr Rad des Gewahrseins ausfüllten.

Uns ist schon klar, dass sich nicht alle Probleme so leicht lösen lassen. Manchmal „stecken wir auf dem Rahmen fest" und können uns auf nichts anderes fokussieren als auf diesen einen unangenehmen Rahmenpunkt (*sich über eine Beförderung oder das Verhalten Ihres Kindes in der Schule Sorgen machen; gestresst sein, weil Rechnungen bezahlt werden müssen*). Verstehen Sie uns bitte nicht falsch. Wir wollen nicht trivial klingen und behaupten, dass es immer einfach ist, sich auf Positives zu konzentrieren, wenn uns unser Leben zu erdrücken scheint. Aber je mehr Angst und Stress Sie fühlen, wenn Sie sich auf diese Probleme fokussieren, desto mehr wird Ihr Gehirn neuronale Pfade bilden, die die negativen Assoziationen mit diesen Problemen verknüpfen, und desto mehr werden Stress und Angst zur normalen Reaktion.

Auch wenn es nicht leicht ist, tun Sie sich selbst einen riesigen Gefallen, wenn Sie sich einfach nur darin üben, Ihren Fokus auf die positiven Rahmenpunkte zu richten. Diese Praxis kann, wenn Sie sich ihr regelmäßig widmen, Ihr Leben bereichern. Als Folge werden Sie nicht nur glücklichere und friedvollere Gefühle wahrnehmen, sondern Sie werden gleichzeitig die Fähigkeit Ihres Gehirns trainieren, Ihre Aufmerksamkeit zu verlagern, wenn stressige Gedanken auftauchen.

Zur Nabe zurückkehren

Wenn Sie Ihre Aufmerksamkeit bündeln und Ihren mentalen und emotionalen Zustand verlagern, kehren Sie zur Nabe Ihres Rades zurück. Die Nabe sorgt für einen Zustand der Integration, wenn Sie weder Chaos noch Erstarrung, sondern innere Harmonie erleben. Manche beschreiben die Nabe als inneres Heiligtum, als einen Ort des Friedens und der Klarheit. Aus diesem ruhigen, friedvollen Zustand heraus bleiben Sie sich aller Aspekte Ihres Lebens bewusst, der positiven *und* der negativen, ohne auf einem Punkt stecken zu bleiben.

Dazu müssen Sie die Nabe Ihres Geistes stärken, damit Sie sie häufiger erleben und dann, wenn nötig, schneller zu diesem inneren Ort zurück kommen können.

Wie kehren Sie zu Ihrer Nabe zurück, wenn Sie gestresst oder deprimiert sind, Angst haben oder sich in einem Zustand der Desintegration befinden? Manche finden eine aktive Achtsamkeitspraxis, das heißt Meditation, hilfreich. Üben Sie nicht nur dann mit Ihrem Rad des Gewahrseins, wenn es schwierig wird, sondern widmen Sie sich dieser Praxis regelmäßig, um Ihren Zugang zur Nabe des Geistes zu stärken. Für andere sind es körperliche Bewegung oder Zeit mit – oder ohne – Familie. Oder es sind einige der Dinge, die wir in diesem Arbeitsbuch erwähnt haben, wie zum Beispiel seine eigene Geschichte zu erzählen, seine Erinnerungen zu integrieren oder eine Kombination mehrerer dieser Möglichkeiten. Nehmen Sie sich etwas Zeit und denken Sie darüber nach, was sie tun können, um zu Ihrer Nabe zurückzufinden. Welche besonderen, praktischen Maßnahmen können Sie ergreifen, wenn Sie aus dem Gleichgewicht geraten?

....

....

....

....

....

....

....

Zu Ihrer Nabe zurückzukehren hat nicht nur zur Folge, dass Sie eine positivere Lebenseinstellung gewinnen, sondern auch, dass Sie in der Lage sind, mit schwierigen Situationen aus einem Zustand des offenen Gewahrseins, statt des Stresses, umzugehen.

8. Strategie für ein integriertes Gehirn: Die Wolken der Emotionen vorbeiziehen lassen

Als Erwachsene wissen wir, dass Gefühle nicht dauerhaft sind – sie kommen und sie gehen. Wir haben Jahre an Erinnerungen daran, dass wir uns manchmal voller Freude und manchmal voller Wut fühlen und dass diese Gefühle, egal wie groß sie auch sein mögen, sich irgendwann ändern werden. Aber unsere Kinder wissen das nicht immer. Sie benötigen unsere Hilfe, zu verstehen, dass selbst überwältigende Emotionen wie Furcht, Frustration und Einsamkeit keine dauerhaften Wesenszüge, sondern zeitweilige Zustände sind.

Vergessen Sie Folgendes bitte nicht: Ihre Kinder sollen zwar verstehen, dass ihre Gefühle nicht dauerhaft sind. Das bedeutet aber nicht, dass Sie sie herunterspielen. Sämtliche Gefühle, Ihre eigenen und die Ihrer Kinder, verdienen es, ernst genommen und mit Respekt behandelt zu werden. So zeigen Sie Ihren Kindern, dass es für alle Gefühle in Ordnung ist, gefühlt zu werden, und Sie helfen ihnen gleichzeitig dabei, die veränderliche Natur von Gefühlen zu verstehen. Je mehr Kinder dieses Konzept begreifen, desto unwahrscheinlicher ist es, dass sie auf dem Rahmen ihres Rades stecken bleiben, und desto wahrscheinlicher ist es, dass sie ihr Leben leben und Entscheidungen von ihrer Nabe aus treffen.

8. Strategie

Statt Ablehnen und Leugnen …

… versuchen Sie zu zeigen, dass Gefühle kommen und gehen

Gefühle loslassen: Eine geführte Visualisierung

Nachfolgend stellen wir Ihnen eine *Mindsight*-Übung vor, mit deren Hilfe Sie selber die Veränderlichkeit von Emotionen erleben können:

> *Lesen Sie noch einmal, was Sie oben zu den negativen Emotionen notiert haben, in denen Sie manchmal feststecken. Suchen Sie sich einen Rahmenpunkt aus, über den Sie nachdenken möchten. Schließen Sie die Augen und stellen Sie sich die negative Emotion als Wolke vor. Richten Sie Ihre Aufmerksamkeit auf diese Wolke und ihre Details. Wie groß ist sie? Ist sie grau? Sieht sie aus wie eine Sturmwolke? Oder ist sie eine weiße Schäfchenwolke? Ist sie scharf umrissen oder eher flaumig und formlos? Welche Gefühle tauchen auf, wenn Sie sie betrachten? Ist sie unheilvoll und bedrohlich oder hängt sie eher tief und sieht traurig aus? Bewerten Sie weder Ihre Wolke noch wie Sie sich fühlen sollten. Nehmen Sie einfach das wahr, was Sie wahrnehmen. Während Sie mit diesen Empfindungen sitzen, erkennen Sie an, dass diese Wolke wichtig und real und etwas ist, dem Sie, so wie allen Ihren Emotionen, Ihre Aufmerksamkeit schenken sollten.*
>
> *So wie jede andere Wolke am Himmel mag Ihre Wolke manchmal still am Himmel hängen und zu verweilen scheinen. Aber wenn Sie sie weiterhin beobachten, werden Sie feststellen, dass sie tatsächlich vorüberzieht und schließlich hinter dem Horizont verschwindet. Sie bemerken vielleicht, dass Sie während dieser Visualisierung bestimmte Gedanken im Kopf haben* („Das ist komisch“; „Meine Wolke ist riesig – sie wird nie weiterziehen“; „Wie lange muss ich diese Übung machen?“). *Lassen Sie diese Gedanken, so wie Ihre Wolke, wertfrei in Ihr Bewusstsein eintreten. Und lassen Sie sie dann wieder aus Ihrem Bewusstsein weiterziehen. Sie*

werden feststellen, dass neue Gedanken entstehen, während sich die alten Gedanken davonstehlen („Ich soll doch meine Wolke nicht bewerten!"; „Ich fühle mich müde"; „Super, meine Wolke wird kleiner"). *Lassen Sie diese Gedanken aufkommen und dann weiterziehen. Machen Sie diese Übung ein oder zwei Minuten lang oder so lange, bis Ihre Wolke hinter dem Horizont verschwunden ist.*

Öffnen Sie danach die Augen und schreiben Sie Ihre Erfahrung auf. Welche Empfindungen haben Sie bemerkt, als Ihre Wolke verschwand? Nahmen andere Emotionen ihren Platz ein? Fühlen Sie eine gewisse Leere? Erleichterung? Erregung?

....

....

....

....

....

....

....

....

....

....

Erkennen Sie an, dass diese Wolke vermutlich wieder erscheinen wird (möglicherweise sogar sofort). Je mehr Sie der Wolke erlauben, vorüberzuziehen, desto stärker wird Ihnen bewusst, dass dies nur eine von vielen Emotionen ist, die kommen und wieder gehen werden.

Eine derartige geführte Meditation ist auch eine wunderbare Übung für Kinder. Suchen Sie sich einen bequemen Platz, an dem niemand Sie stören wird. Ihre Stimme sollte ruhig und sanft sein, damit sich Ihr Kind entspannt. Wenn Sie Ihrem Sohn Bilder vorschlagen oder Fragen stellen, geben Sie ihm genügend Zeit, damit er darüber nachdenken kann. Er muss Ihnen nicht unbedingt antworten, er soll nur eine Verbindung zu Ihren Worten herstellen. Sie können wie oben beschrieben vorgehen oder einen Text wie diesen benutzen:

> *Schließe die Augen und atme langsam durch die Nase ein … 1, 2, 3, 4, 5. Atme jetzt durch die Nase wieder aus … 1, 2, 3, 4, 5. Atme wieder durch die Nase ein und fülle deine Lunge mit Luft … 1, 2, 3, 4, 5 und atme wieder aus … 1, 2, 3, 4, 5.*
>
> *Sehr schön. Atme weiter tief ein und aus und erlaube deinem Körper, sich in den Stuhl (ins Bett, Sofa) hinein zu entspannen. Stell dir jetzt deine Angst (vor dem Sportunterricht, den Streit mit deinem Freund) als Wolke am Himmel vor.*
>
> *Schau dir die Wolke genau an. Kannst du Einzelheiten erkennen? Du brauchst sie mir nicht zu nennen, wenn du nicht willst … nimm einfach nur das wahr, was du wahrnimmst. Es gibt keine richtige oder falsche Antwort. Vielleicht ist es eine weiße, flaumige Wolke … oder vielleicht ist es eine dunkle Sturmwolke. Wenn du sie dir anschaust, ist sie dann hoch am Himmel und weit weg oder hängt sie tief und bedeckt fast den gesamten Himmel? Löst sie irgendwelche Gefühle in dir aus? Wenn ja, hast du diese Gefühle dann an einer bestimmten Körperstelle? Kannst du deine Hand auf diese Stelle legen?*

Manchmal machen uns unsere Wolken traurig oder frustriert oder sogar wütend. Was auch immer du bemerkst, erlaube dir, alles einfach nur wahrzunehmen. Du musst deine Gedanken nicht ändern oder bewerten – es ist in Ordnung, sie alle zu haben. Bring dein Bewusstsein jetzt wieder zur Wolke zurück. Ich möchte dir gerne sagen, dass deine Wolke real und wichtig und etwas ist, dem du deine Aufmerksamkeit schenken solltest – so wie all deinen Emotionen.

Hat deine Wolke die Farbe gewechselt oder die Form verändert, während sie vorüberzieht? Bewegt sie sich schnell oder scheint sie an einer Stelle festzusitzen? Vergiss nicht, manchmal scheinen Wolken überhaupt nicht weiterzuziehen, aber trotzdem gibt es immer Bewegung, selbst dann, wenn wir uns dessen gar nicht bewusst sind. Stell dir vor, dass du mit jedem Ausatmen deine Sturmwolken wegbläst. Mit der Zeit zieht jede Wolke weiter und dann erscheinen neue Wolken, so wie neue Gefühle. Stell dir das jetzt vor, dass deine Wolke weitergezogen ist und neue Wolken am Himmel auftauchen. Sie sehen anders aus und fühlen sich anders an. Es gibt ganz viele von ihnen, manche sind grau und dunkel, andere weiß und flaumig und es gibt auch ganz viel blauen Himmel.

Es kann sein, dass deine erste Wolke, mit all den Gedanken und Gefühlen, zurückkommt, vielleicht sogar schon bald. Aber jetzt weißt du ja, dass Wolken und Gefühle einander ähnlich sind – sie kommen und gehen. Keine einzige Wolke bleibt immer am Himmel.

Atme nun wieder tief ein … 1, 2, 3, 4, 5 … und langsam aus … 1, 2, 3, 4, 5. Noch einmal. Ein … 1, 2, 3, 4, 5 und aus … 1, 2, 3, 4, 5. Bring dein Bewusstsein zurück zu deinem bequemen Platz auf dem Stuhl (Bett, Sofa) und öffne langsam die Augen.

Manchmal lösen geführte Meditationen viele Emotionen aus, die vorher nicht vollständig zum Ausdruck gekommen sind. Unterstützen Sie Ihren Sohn, wenn er während dieser Übung große Gefühle hat.

9. Strategie für ein integriertes Gehirn: Blick nach innen – Auf das achten, was innerlich geschieht

Bei dieser Strategie geht es, wie bei so vielem in *Achtsame Kommunikation mit Kindern*, um Gewahrsein. Damit Kinder *Mindsight* entwickeln, um dann die verschiedenen Gedanken, Wünsche und Emotionen zu beeinflussen, die in ihnen umherwirbeln, müssen sie sich zuerst dessen gewahr werden, was sie in Wirklichkeit erleben. Das bedeutet, unsere wichtigste Aufgabe als Eltern ist es, unseren Kindern zu helfen, die verschiedenen Rahmenpunkte auf ihrem Rad des Gewahrseins zu erkennen und zu verstehen.

Sie erinnern sich vielleicht noch daran, dass der Blick nach innen unsere Kinder dazu ermutigt, ihre Aufmerksamkeit auf die auf sie einwirkenden Empfindungen, Bilder, Gefühle und Gedanken zu richten. Die nachfolgende Tabelle dient als visuelle Erinnerung, wie diese Strategie aufzuschlüsseln ist.

Blick nach innen	Beschreibung	Beispiel
Empfindungen	Indem Sie Ihre Aufmerksamkeit auf Ihre Körperempfindungen lenken, werden Sie sich mehr der Vorgänge in Ihrem Körper bewusst.	*Schmetterlinge im Bauch kann Nervosität bedeuten. Enge im Hals kann Traurigkeit sein. Die Zähne zusammenbeißen ist vielleicht Wut.*

Blick nach innen	Beschreibung	Beispiel
Bilder	Bilder können einen Einfluss darauf haben, wie Sie die Welt sehen und mit ihr interagieren. Sich dessen bewusst zu sein reduziert die Macht, die solche Bilder über Sie haben.	*Bilder vergangener Erlebnisse (wie Angst machende, peinliche, verwirrende) und erfundene Bilder (aus Träumen, Filmen, Büchern) können verändert werden. Siehe nachfolgende Illustration.*
Gefühle	Eine reiche Sprache voller Beschreibungen entwickeln, um über die Komplexität Ihrer Emotionen zu sprechen, ermöglicht es Ihnen, sich in vollem Umfang auszudrücken und verstanden zu werden.	*Helfen Sie Ihren Kindern, von einem vagen Gefühl des „Wütend"- oder „Traurig"-Seins zu einer deskriptiven Sprache zu finden, die es ihnen erlaubt, genau zu wissen, wann sie Gefühle haben, die „ängstlich", „eifersüchtig" oder „aufgeregt" sind. Die nachfolgende Illustration eignet sich für kleine Kinder besonders gut.*
Gedanken	Lernen, auf die Gedanken zu achten, die in Ihrem Kopf herum geistern, und zu verstehen, dass Sie nicht jedem von ihnen Glauben schenken müssen. Das erlaubt Ihnen, Ihre Aufmerksamkeit von den einschränkenden Rahmenpunkten weg und auf die Punkte zu fokussieren, die zu Glück und Wachstum führen.	*Was wir denken, uns selber erzählen, was wir glauben und wie wir die Geschichte unseres eigenen Lebens mit Worten erzählen. Stellen Sie Ideen infrage, die weder hilfreich noch gut für Sie sind. Versuchen Sie, eine optimistische Alternative zu negativen, herunter ziehenden Selbstgesprächen zu finden.*

Gefühle

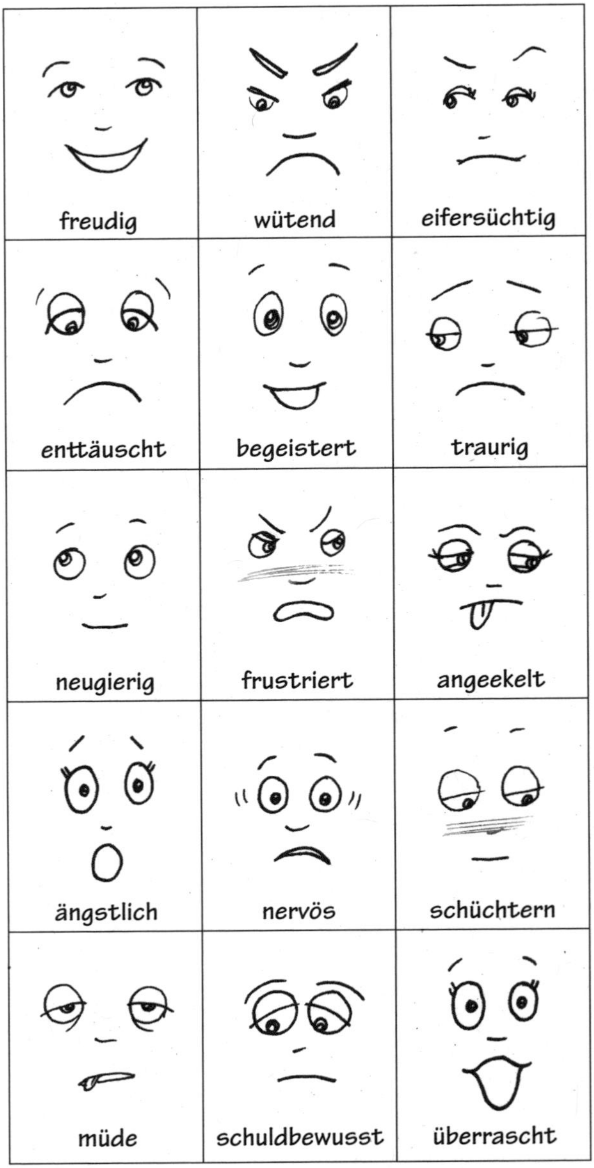
freudig
wütend
eifersüchtig
enttäuscht
begeistert
traurig
neugierig
frustriert
angeekelt
ängstlich
nervös
schüchtern
müde
schuldbewusst
überrascht

Indem wir unseren Kindern *Mindsight*, das innere Sehen, beibringen, zeigen wir ihnen, wie sie die unterschiedlichen Rahmenpunkte in Aktion erkennen, und helfen ihnen, mehr Kontrolle über ihr Leben auszuüben und es besser zu verstehen.

Eine Mindsight-Übung

Wie bei jeder anderen Fertigkeit, die Sie anderen vermitteln möchten, wird eine solche Aufgabe leichter, wenn Sie sie zuerst selber ausprobiert haben. Richten Sie daher jetzt selber eine Minute lang den Blick nach innen. Denken Sie dabei nicht an ein besonderes, positives Resultat für Sie selbst. Bei dieser Übung geht es mehr darum, das, was in Ihrem Inneren abläuft, näher zu erforschen. Vielleicht taucht etwas auf, über das Sie eingehender nachdenken oder mit dem Sie sich näher befassen möchten. Nehmen Sie einfach nur wahr, was da ist.

Suchen Sie sich einen ruhigen Ort, an dem Sie ungestört sind, schließen Sie die Augen und fangen Sie an, Ihre Aufmerksamkeit auf die Körperempfindungen zu lenken, die Sie bemerken. Fällt Ihnen keine besondere Empfindung auf, dann ist es vielleicht einfacher für Sie, Ihre Aufmerksamkeit von Kopf bis Fuß (oder umgekehrt) durch Ihren Körper wandern zu lassen. Schreiben Sie alle Empfindungen auf, die Sie bemerken („*Mein Magen schlägt Purzelbäume*"; „*Mein Kopf fühlt sich müde und benommen an*"; „*Ich fühle mich entspannt*"; „*Meine Füße fühlen sich schwer an*"), und notieren Sie, ob solche Empfindungen einen Bezug zu etwas haben, dem Sie Ihre Aufmerksamkeit schenken sollten („*Die Enge meines Magens erinnert mich daran, dass ich mich über meine Schwester aufgeregt habe*"; „*Die müde Benommenheit sagt mir, dass ich heute noch nichts gegessen habe*"). Wenn Sie möchten, können Sie gerne Ihre Beobachtungen hier notieren:

....

Wenden wir uns jetzt den Bildern zu, die in Ihnen entstehen. Schließen Sie wieder die Augen und entspannen Sie sich. Tauchen irgendwelche Bilder auf? Vielleicht sehen Sie Bilder von Erlebnissen, die früher am Tag passierten, oder aus Träumen oder aus Ihrer Kindheit. Nehmen Sie sich einige Minuten Zeit und nehmen Sie einfach nur die Bilder wahr, die entstehen. Sie können schwierige, aber auch positive Erlebnisse darstellen. Manche verschwinden schnell wieder, andere sind hartnäckig und bleiben bestehen. Manchmal sind Bilder symbolisch und manchmal ein Abbild der Realität. Die Bilder, die Sie sehen, geben Ihnen einen Hinweis auf die Themen, mit denen Sie gerade zu kämpfen haben, oder auf den Punkt, auf den sich Ihre Aufmerksamkeit fixiert hat, auf das, was Sie auf Ihrem Rahmen festhält. Notieren Sie nun, was Sie beobachtet haben:

Wenn Sie bereit sind, fahren Sie damit fort, den Blick nach innen auf Ihre Gefühle und Emotionen zu richten. Das kann für diejenigen unter uns schwierig sein, die es nicht gewohnt sind, ihren Gefühlen auf den Grund zu gehen, und die vertrauter mit dem logischen Denken der linken Hemisphäre sind. Zur Erinnerung: Alle Gefühle sind in Ordnung. Für manche Menschen ist diese Vorstellung unangenehm, je nachdem wie man früher mit ihrer eigenen Emotionalität umging. Haben Sie Geduld mit sich selber und bewerten Sie Ihre Gefühle nicht.

Beobachten Sie Ihre Gefühle so lange, wie Sie sich wohlfühlen. Schreiben Sie dann auf, was Ihnen aufgefallen ist:

....

....

....

....

....

....

....

....

....

....

....

Richten Sie Ihre Aufmerksamkeit zum Schluss auf Ihre Gedanken. Gedanken sind das, an das wir denken, was wir uns selber sagen, sie sind unsere Überzeugungen und die Art und Weise, wie wir die Geschichte unseres Lebens erzählen. Sie werden vermutlich feststellen, dass Sie dadurch ein besseres Verständnis davon entwickeln, warum Sie auf eine bestimmte Weise reagieren oder bestimmte Überzeugungen haben.

Sehen Sie sich das Flussdiagramm eines Gedankenmusters an, das für eine von Tinas erwachsenen Patientinnen aufkam, als sie diese Reflexion machte.

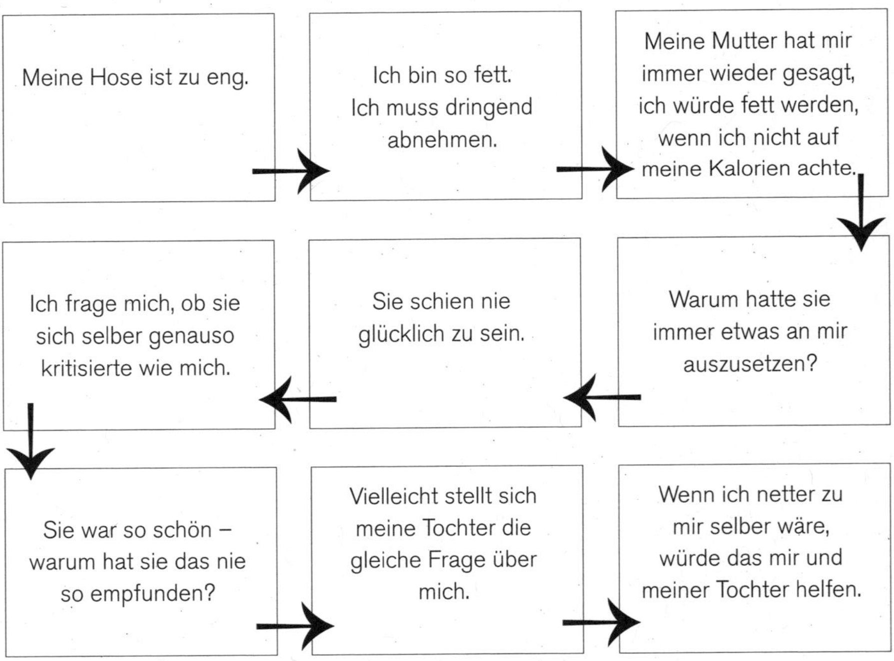

Bevor diese Frau lernte, auf ihre Gedanken zu achten, steckte sie oft auf ihrem Rahmen mit dem Gedanken fest: *„Ich bin so fett. Ich muss dringend abnehmen.“* Weil sie aber den Blick nach innen auf ihre Gedanken richtete, arbeitete sie daran, sich ihrer entstehenden Gedanken gewahr zu werden. Das führte letztendlich zu der Erkenntnis über sie selber (und ihre Mutter). Und dieses Gewahrsein ermöglichte es ihr dann, sich von diesem negativen Gedankenmuster zu befreien und zu ihrer Nabe, zu ihrer Mitte, zurückzukehren.

Manchmal sind Gedanken zusammenhangslos und führen zu keinem Durchbruch. Das ist völlig in Ordnung! Setzen Sie sich nicht unter Druck, unbedingt ein Aha-Erlebnis haben zu müssen. Wir möchten nur, dass es Ihnen nicht unangenehm ist, Ihre Gedanken zu beobachten, und dass Sie wissen, Sie müssen nicht jedem Gedanken Glauben schenken.

Genau genommen fördern Sie eine wichtige Fertigkeit, wenn Sie Ihre Aufmerksamkeit auf Ihre Gedanken lenken: Stellen Sie Ideen infrage, die weder hilfreich noch gut für Sie sind, und richten Sie Ihre Aufmerksamkeit auf die Gedanken, die Sie glücklich machen oder Sie motivieren, Ihre Ziele zu erreichen. Nachfolgend finden Sie ein Beispiel, wie dieser Prozess bei einem älteren Kind aussehen könnte, das sich einer beängstigenden Situation gegenübergestellt sieht:

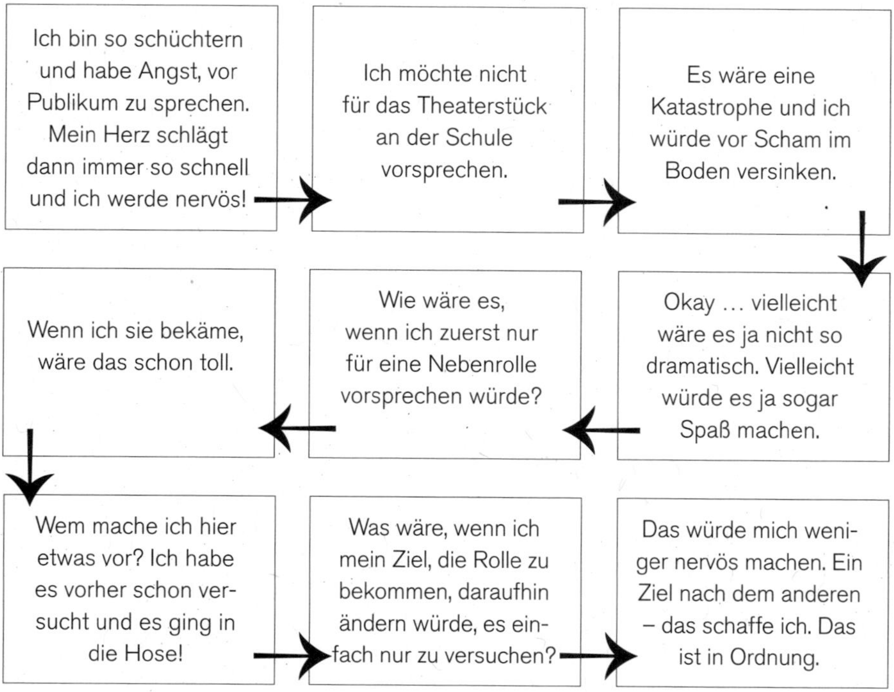

Einen Gedanken sehen zu können, den man infrage stellen kann, selbst wenn es ein Gedanke ist, an dem man feststeckt, kann uns (oder unseren Kindern) ein wirksame Möglichkeit der Selbstregulation bieten. Das Wissen, dass Ihre Gedanken Sie nicht kontrollieren müssen und dass Sie mitbestimmen, wie Sie sich fühlen, ist eine sehr bestärkende Erfahrung.

Nehmen Sie, mit diesem Wissen im Hinterkopf, wahr, welche Gedanken durch Ihren Geist laufen. Folgen Sie ihnen. Debattieren Sie mit ihnen, falls erforderlich. Sehen Sie, wohin sie Sie führen, werden Sie sich bewusst, wie Sie mit sich selber und über sich selber und Ihr Leben reden. Tun Sie das so lange, wie Sie sich wohlfühlen, und notieren Sie dann Ihre Beobachtungen:

....

....

....

....

....

....

....

....

....

....

....

Wenn Sie jetzt auf diese *Mindsight*-Übung zurückblicken und es Empfindungen, Bilder, Gefühle oder Gedanken gab, die stärker waren als andere, möchten Sie diese vielleicht näher in Augenschein nehmen. Sie könnten dazu ältere Familienmitglieder besuchen, die sich an weitere Details erinnern, sich an eine professionelle Therapeutin wenden oder einen guten Freund um Hilfe bitten.

Ihrem Kind dabei helfen, den Blick nach innen zu richten und so die Perspektive zu verlagern

Sie wissen jetzt, was der Blick nach innen alles bewirken kann und wie er Ihnen hilft, *Mindsight* zu entwickeln. Denken Sie nun darüber nach, wie dieser Prozess Ihren Kindern helfen könnte. Indem wir unseren Kindern beibringen, den Blick nach innen auf die Aktivität ihres Geistes zu richten, zeigen wir ihnen die verschiedenen Kräfte, die in ihnen am Werk sind, und verschaffen ihnen mehr Einsicht über ihr Leben. Das innere Sehen hilft Kindern darüber hinaus, zu erkennen, dass unsere Körperempfindungen unsere Emotionen prägen und dass unsere Emotionen unser Denken, unsere Wahrnehmungen und die Bilder in unserem Geist prägen. *Anders ausgedrückt können alle Rahmenpunkte – Empfindungen, Bilder, Gefühle und Gedanken – einander beeinflussen und gemeinsam erzeugen sie unseren Geisteszustand.*

Lassen Sie uns konkret werden, indem wir einige Schwierigkeiten Ihres Kindes benennen und Ihnen zeigen, wie Sie auf jede Situation eingehen könnten. Was macht Ihrem Kind Angst oder bereitet ihm Sorgen? Wie können Sie ihm helfen, ein Selbstverständnis zu entwickeln und seine Aufmerksamkeit so zu bündeln, dass es seine Emotionen und Reaktionen auf die Welt regulieren kann? Berücksichtigen Sie jedes der vier Elemente, die beim Blick nach innen beteiligt sind, und helfen Sie ihm, seine Sichtweise schwieriger Situationen zu verlagern. Zum Auftakt geben wir Ihnen einige Beispiele vor. Sie können dann im Anschluss die restliche Tabelle mit Einzelheiten füllen, die auf Ihre Familie zutreffen.

Beispiel 1 für eine schwierige Situation
Ihre Tochter hat Trennungsangst und möchte nicht in die Schule gehen.
Lösungsvorschläge nach der Methode „Blick nach innen“ für Beispiel 1
Empfindungen: Kommen Sie früh genug an der Schule an und suchen Sie sich einen ruhigen Ort, um sich auf ihre unangenehmen Empfindungen einzustimmen. Helfen Sie ihr, sich vorzustellen, jede Empfindung in einen Luftballon zu legen und diesen dann mit einem tiefen Atemzug (durch die Nase einatmen, durch den Mund ausatmen) wegzublasen. Wenn der Luftballon voll ist, lässt sie ihn – und die unangenehmen Empfindungen – los. Bitten Sie sie hinterher, eine Verbindung zum entspannten Zustand von Gehirn und Körper herzustellen.
Bilder: Fragen Sie Ihre Tochter in einem ruhigen Moment, welche Bilder entstehen, wenn sie an die Schule denkt. Helfen Sie ihr, die beängstigenden in alberne Bilder und die traurigen in fröhliche Bilder umzuwandeln. Dazu können Sie mit ihr durchsprechen, was jedes Bild braucht, um in sein Gegenteil verkehrt zu werden. (Siehe die nachfolgende Illustration.)
Gefühle: Erstellen Sie mit Ihrer Tochter eine Liste aller Dinge, die ihr an der Schule Freude bereiten. Gestalten Sie gemeinsam ein Bilderbuch, das Sie jeden Morgen vor der Fahrt zur Schule lesen können. Erinnern Sie sie daran, dass ihre Angst davor, sich von Mama und Papa zu verabschieden, zwar real, aber nur ein ganz kleiner Teil ihres Tages ist. Der Rest ihres Schultages ist das, was in diesem Bilderbuch ist. Jedes Mal, wenn Sie das Buch lesen, bildet ihr Gehirn starke neuronale Verbindungen zu den positiven Gefühlen, die sie über die Schule hat.
Gedanken: Bringen Sie Ihrer Tochter bei, nicht all ihren Gedanken zu glauben und sich vorzustellen, mit ihrem Gehirn zu sprechen, wenn es wenig hilfreiche Kommentare macht. Erinnern Sie sie daran, dass sie mit ihrem Gehirn debattieren kann. Sie können ihr sogar vorschlagen, der negativen inneren Stimme einen Namen zu geben. Dadurch, dass Sie das Ganze ins Alberne verkehren, nehmen Sie der Situation die Anspannung und zeigen ihr, dass sie die Situation kontrolliert. Wenn sie das nächste Mal auf der Fahrt zur Schule Angst hat, erwähnen Sie ihre negative innere Stimme auf humorvolle Weise: „*Ist das schon wieder Stinke-Stefan? Stinke-Stefan weiß gar nichts über deine Schule! Stinke-Stefan, hör auf, meiner Lucy zu sagen, dass ihre Mama nicht zurückkommt – du versuchst immer, sie reinzulegen! Lucy, was willst du Stinke-Stefan sagen?*“ Bitten Sie Ihre Tochter, alle ihre Gedanken aufzuschreiben (oder Ihnen zu sagen). Halten Sie sie in zwei Spalten fest – eine ist für nützliche, die andere für nutzlose Gedanken. Reden Sie danach mit Stinke-Stefan (oder wie auch immer die negative innere Stimme Ihres Kindes heißen mag).

Beispiel 2 für eine schwierige Situation

Lösungsvorschläge nach der Methode „Blick nach innen“ für Beispiel 2
Empfindungen:
Bilder:
Gefühle:
Gedanken:

Beispiel 3 für eine schwierige Situation
Lösungsvorschläge nach der Methode „Blick nach innen“ für Beispiel 3
Empfindungen:
Bilder:
Gefühle:
Gedanken:

Durch den Blick nach innen wird Ihr gesamtes (körperliches, geistiges und emotionales) System integriert. Deswegen ist der Prozess, sich jeden Aspekt anzusehen, wie uns Ereignisse beeinflussen, sehr effektiv, um Ihrem Kind zu helfen, sich von schwierigen Situationen zu lösen, die besonders überwältigend sind.

9. Strategie

Statt Abweisen und Leugnen ...

... das innere Sehen nutzen, um innere Bilder zu kontrollieren.

Das Suchspiel „Blick nach innen“

Eine andere Möglichkeit, Ihren Kindern das Konzept des inneren Sehens nahezubringen, ist, daraus ein Spiel zu machen. Vielleicht erinnern Sie sich noch an das Suchspiel aus *Achtsame Kommunikation mit Kindern.* Wenn Sie das nächste Mal mit Ihren Kindern im Auto sind und ein paar Minuten Zeit haben, fangen Sie das Spiel an, indem Sie Fragen stellen, die das innere Sehen begünstigen.

Sie: Ich sage etwas darüber, was mir die Empfindungen meines Körpers sagen. Ich habe Hunger. Wie ist es bei dir? Was sagt dein Körper?

Ihr Kind: Der Sitzgurt kratzt an meinem Hals.

Sie: Oh, gut, dass du das sagst. Ich mach ihn gleich etwas lockerer. Wie sieht es mit inneren Bildern aus? Welche Bilder gehen dir durch den Kopf? Ich erinnere mich an diese witzige Szene aus dem Theaterstück eurer Schule, als du diesen lustigen Hut aufhattest.

Ihr Kind: Ich denke über die kurze Werbung für den neuen Film nach. Der Film über Aliens.

Sie: Oh ja, den müssen wir uns anschauen. Und nun die Gefühle. Ich bin schon ganz aufgeregt, dass Opa und Oma morgen kommen.

Ihr Kind: Ich auch!

Sie: Okay. Wie sieht es mit Gedanken aus? Ich dachte gerade daran, dass wir noch Milch brauchen. Wir müssen noch kurz beim Supermarkt halten, bevor wir nach Hause fahren. Und bei dir?

Ihr Kind: Ich habe daran gedacht, dass Claire mehr Hausarbeit machen sollte als ich, weil sie älter ist.

Sie (lächelnd): Ich freue mich, dass du so gute Ideen hast. Über diese Idee müssen wir noch etwas mehr nachdenken.

Selbst wenn es albern wird, eignet sich das Suchspiel „Blick nach innen“ ausgezeichnet dazu, Ihren Kindern Übung darin zu geben, auf ihre innere Landschaft zu achten. Und vergessen Sie nicht, dass allein das Sprechen über den Geist diesen fördert.

10. Strategie für ein integriertes Gehirn: Blick nach innen – Auf das achten, was innerlich geschieht

Wenn Kinder sich auf etwas fixieren, mit dem sie zu kämpfen haben (mit einem bestimmten Punkt auf ihrem Rad des Gewahrseins), können wir ihnen erklären, wie sie ihre Aufmerksamkeit verschieben, um einen Zustand der Integration zu erreichen. Sie können dann sehen, dass sie nicht von ihren Empfindungen, Bildern, Gefühlen und Gedanken *kontrolliert* werden müssen, sondern dass sie *entscheiden* können, welche Gedanken und Gefühle sie über ihre Erlebnisse haben.

Dieses Konzept scheint ansprechend und einfach. Trotzdem ist es nicht selbstverständlich für Kinder – und für manche Erwachsene auch nicht. Sie können Ihren Kindern jedoch nahe bringen, wie sie ihre Aufmerksamkeit auf die Nabe, die Mitte, verlagern und sie von dort auf mehrere Rahmenpunkte fokussieren. Indem Sie ihnen die Werkzeuge und Strategien dazu geben, sich selber zu beruhigen und ihre verschiedenen Gefühle und Wünsche zu integrieren, führen Sie sie an *Mindsight*-Methoden heran, mit deren Hilfe sie aufmerksamer werden und sich innerlich sammeln. Aus diesem Zustand des offenen und dynamischen Gewahrseins (aus ihrer Nabe) heraus, können sie sich ihrer vielen verschiedenen Rahmenpunkte bewusst bleiben, die ihre Emotionen und ihren Geisteszustand beeinträchtigen. Die Nabe ist nicht nur der Anfang eines klaren Gewahrseins, sondern schlussendlich die Quelle ihrer Weisheit in späteren Jahren.

10. Strategie

Statt Ablehnen und Leugnen …

… *Mindsight* üben

Eine hilfreiche *Mindsight*-Übung ist eine einfache Reflexionspraxis, die Kindern (und Eltern!) zu mehr Achtsamkeit im gegenwärtigen Moment verhilft. Wir haben Ihnen dazu zwei Varianten in *Achtsame Kommunikation mit Kindern* vorgestellt. Erinnern Sie sich? Die eine ist über den Atem, bei der anderen stellen wir uns vor, unter Wasser zu sein, ruhig, während die Wellen über uns zusammenschlagen. Solche Übungen eignen sich hervorragend für Ihre Kinder oder Sie selber, um Sie zurück zur Nabe des Gewahrseins zu bringen.

Zu wissen, wie man gegenwärtig sein oder zu einem Zustand des ruhigen Gewahrseins zurückkehren kann, ist eine Fertigkeit, die es sich zu fördern lohnt. Um Ihren Kindern dieses Konzept nahezubringen, sollten Sie sie daran erinnern, wie viel leichter alles *für sie* ist, wenn sie ruhig und in der Lage sind, klar zu denken. Wenn sie sich in Gedanken und Emotionen verfangen, die sie von diesem Zustand wegführen, bleiben sie auf dem Rahmen stecken und fixieren sich nur auf einige wenige Aspekte ihres Lebens, anstatt das große Ganze zu sehen. Da ein Leben auf dem Rahmen (für niemanden) besonders angenehm ist, sollten Sie Ihren Kindern Werkzeuge mit auf den Weg geben, mit deren Hilfe sie sich vom Rahmen lösen und zu ihrer Nabe, ihrem natürlichen Zustand des offenen und friedvollen Gewahrseins, zurückfinden. Nur von dieser Warte aus verfügen sie über die rationalen Fertigkeiten, um die Probleme, mit denen sie kämpfen, auch zu lösen.

Die nachfolgende Übung beginnt als Meditation, ist letztendlich aber eine Übung, die Ihre Kinder an jedem Ort benutzen können, nicht nur, wenn sie in einem ruhigen Zimmer sind. Machen Sie die Übung aber zunächst an einem ruhigen Ort und leiten Sie Ihren Sohn durch einige Atemzüge (durch die Nase einatmen, durch den Mund ausatmen). Sagen Sie vielleicht Folgendes:

Atme weiter tief ein und aus und richte deine Aufmerksamkeit auf deinen Körper. Auch wenn du es vorher vielleicht nicht bemerkt hast, wirst du dir jetzt der tiefen Ruhe in dir bewusst. Das ist ein Ort des inneren Friedens, das ist dein ganz eigener innerer Mittelpunkt der Ruhe und Stille. Wenn du kannst, leg deine Hände auf die Stelle, an der du diese Ruhe in dir spürst, und verankere sie dort für dich selber.

Von diesem Ort der Ruhe aus kannst du alle Aspekte deines Lebens betrachten, nicht nur die wenigen Dinge, mit denen du zu kämpfen hast, sondern auch die Teile deines Lebens, die dir Freude und Trost bringen. Dieser Ort der Ruhe ist der Teil von dir, der den Durchblick hat, der Teil von dir, der dir hilft, klar zu denken und wohl überlegt zu handeln. Das ist die Nabe deines Rad des Gewahrseins, jener Ort der Offenheit und des klaren Sehens.

Während du hier in Stille mit dem Wissen über diesen Mittelpunkt, diese Nabe, sitzt, denk darüber nach, welche anderen Erfahrungen in deinem Alltag dir dabei helfen könnten, dich zu diesem Zustand des friedvollen Gewahrseins zurückzubringen. Du brauchst dazu nicht zu meditieren oder an einem ruhigen Ort zu sein. Alles Mögliche kann dich an diesen Ort zurückbringen. Der Gesang eines Vogels oder das Bellen deines Hundes können dich zum gegenwärtigen Moment zurückführen. Oder dein Lieblingsstofftier oder der Geruch von Mamas Haaren. Solche alltäglichen Dinge können deine Aufmerksamkeit wecken und erinnern dich daran, zu diesem friedvollen Zustand zurückzukommen – wenn du aufgebracht bist und wenn nicht. Je öfter du zurückkehrst, desto mehr wird es zu einer selbstverständlichen Gewohnheit und desto leichter wird es dir fallen, dich zu entspannen und dich friedvoll und glücklich zu fühlen.

Bitten Sie Ihren Sohn, Dinge vorzuschlagen, die ihn an seine Fähigkeit erinnern, zu diesem Zustand des inneren Gewahrseins zurückzufinden. Die Möglichkeiten sind endlos – den Abwasch machen, die Schuhe zubinden, das Geräusch eines Stuhls, der über den Boden des Klassenzimmers gezogen wird. Für manche Kinder sind es die Wellen des Atems – ein und aus. Hat er sich für etwas entschieden, dann leiten Sie ihn dazu an, diese bestimmten Dinge, wann immer sie auftauchen, ein Signal dafür sein zu lassen, dass seine innere Ruhe ihn daran erinnert, aufmerksam zu sein. Fragen Sie Ihren Sohn jeden Tag, wie er an diesem Tag daran erinnert wurde, zu seiner Nabe zurückzukehren und welcher Dinge er sich deswegen bewusst wurde.

Auch wenn es sich am Anfang vielleicht ein wenig gezwungen anfühlt und selbst wenn Sie ihn an diese Erinnerungen erinnern müssen, kann es doch letztendlich zur Gewohnheit werden. Und wenn dieser Punkt erreicht ist, können der Atem, die Türklingel, ein Husten oder das Lachen eines Kindes ein sofortiges Signal sein, seine Aufmerksamkeit auf einen friedvolleren Zustand des Gewahrseins zu verlagern. Und wem würde das nicht nützen?

Kinder mit einem integrierten Gehirn: Sprechen Sie mit Ihren Kindern über die Integration der vielen Teile ihres Selbst

Hast du manchmal das Gefühl, dass du an einem Gefühl oder einem Gedanken haften bleibst? Vielleicht an einem traurigen Gedanken, der so stark wird, dass du die anderen Gefühle und Gedanken vergisst, die dich glücklich machen und begeistern.

Die gute Nachricht ist, dass du nicht in Gefühlen feststecken musst, bei denen du dich schlecht fühlst. Du kannst lernen, dich auf andere Teile deines Selbst zu fokussieren, und musst nicht länger stecken bleiben.

Zum Beispiel:

Nassim konnte nicht aufhören, an den Rechtschreibtest zu denken. Er hatte sogar Bauchschmerzen. Er wollte nichts zu Mittag essen und in der Pause nicht spielen. Er konnte nur noch an Rechtschreibung denken. Er war nervös.

Dann beschrieb ihm seine Lehrerin, Frau Anderson, sein Rad des Gewahrseins. Sie erklärte ihm, dass unser Geist wie das Rad eines Fahrrades ist. In der Mitte des Rades, der Nabe, ist unser sicherer Ort, wo sich unser Geist entspannen und entscheiden kann, worüber er nachdenken möchte.

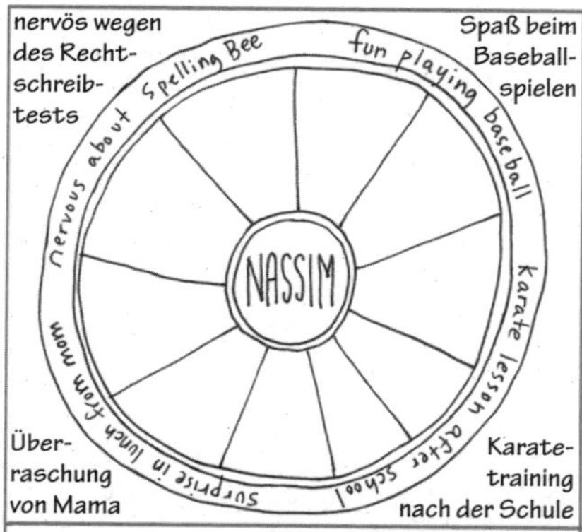

Auf dem Rahmen des Rades sind all die Dinge, an die Nassim denken und die er fühlen könnte: in der Pause spielt er gern Baseball, seine Mama könnte ihm eine Überraschung zum Mittagessen mitgegeben haben und natürlich seine Nervosität wegen des Rechtschreibtests. Seine Lehrerin erklärte ihm aber, dass er sich nur auf die Nervosität fokussierte und die anderen Teile ignorierte.

Frau Anderson bat Nassim, seine Augen zu schließen und drei Mal tief zu atmen, und sagte ihm: „Du hast dich auf deine Sorgen wegen der Rechtschreibung fokussiert, nun möchte ich, dass du dich auf die anderen Dinge auf deinem Rad fokussierst – den Spaß beim Baseballspielen und die Freude auf das leckere Mittagessen.“ Sie lächelte und ihm knurrte schon der Magen.

Als Nassim die Augen öffnete, fühlte er sich besser. Er hatte sein Rad des Gewahrseins benutzt, um sich auf andere Gefühle und Gedanken zu fokussieren, und er hatte seine Gefühle verändert. Er war immer noch etwas nervös, aber er steckte nicht mehr *nur* in der Nervosität fest.

Er lernte, dass er nicht nur über die Nervosität nachdenken muss und dass er seinen Geist nutzen kann, um an andere Dinge zu denken, die ihm Spaß machen, und dass er sich nicht ständig Sorgen machen muss. Nassim aß sein Mittagessen und rannte nach draußen zum Baseballspielen.

Anschließend können Sie für Ihr Kind sein ganz eigenes Rad gestalten. Wie es aussieht, ist nicht wichtig. Lassen Sie Ihre Tochter die Rahmenpunkte ausfüllen, einschließlich unangenehmer Gefühle und Gedanken sowie angenehmer Dinge in ihrem Leben.

Wenn das Rad fertig ist, helfen Sie Ihrer Tochter, sich auf diese negativen Erfahrungen zu konzentrieren, die ihr Rad ausmachen (*das kaputte Fahrrad, die abgesagte Geburtstagsfeier, sich das Zimmer mit der Schwester teilen müssen*) und bitten Sie sie, zu beschreiben, wie sie sich hinterher fühlt. Ermutigen Sie sie, den Blick nach innen zu richten und ihren gegenwärtigen körperlichen Zustand zu berücksichtigen, sowie Bilder, Gefühle und Gedanken, die sie eventuell über ihr Leben hat.

Während Sie diese Übung mit Ihrer Tochter machen, lenken Sie ihre Aufmerksamkeit auf die Tatsache, dass eine einfache Verlagerung ihres Fokus ihre Sichtweise von der Welt verändern kann. Erinnern Sie sie daran, dass sie die Macht hat, ihre Gefühle über ihr Leben zu verändern, indem sie einfach nur den Fokus ihrer Aufmerksamkeit verlagert und ihr Gewahrsein etwas anderem gegenüber öffnet.

Das Gelernte integrieren: Unser eigenes Rad des Gewahrseins betrachten

Auch Eltern können in vielerlei Hinsicht von *Mindsight* und von ihrem eigenen Rad des Gewahrseins profitieren. Hier ist eine Übung aus *Achtsame Kommunikation mit Kindern,* damit Sie sehen und selber erleben können, worüber wir hier sprechen.

Untersuchen Sie von Ihrer Nabe, Ihrer Mitte aus den eigenen Geist. Welchen Rahmenpunkten widmen Sie im Moment Ihre Aufmerksamkeit?

Vielleicht sind es diese Punkte?

- Ich bin so müde. Ich wünschte, ich hätte eine Stunde länger geschlafen.
- Ich bin so verärgert, dass die Yankees-Mütze meines Sohnes wieder auf dem Boden liegt. Wenn er nach Hause kommt, muss ich mit ihm darüber reden – und auch über die Hausaufgaben.

- Das Abendessen mit den Coopers heute wird sicher schön werden, aber irgendwie habe ich keine Lust.
- Ich bin müde.
- Ich wünschte, ich würde mehr für mich selbst tun. Immerhin erlaube ich mir in letzter Zeit, ein Buch zu lesen.
- Und hab ich schon gesagt, dass ich müde bin?

All diese Körperempfindungen, Bilder, Gefühle und Gedanken sind Punkte auf dem Rahmen Ihres Rades des Gewahrseins und zusammen bestimmen sie Ihren Geisteszustand.

Nun wollen wir untersuchen, was geschieht, wenn Sie willentlich Ihre Aufmerksamkeit auf andere Punkte auf dem Rahmen lenken. Halten Sie für einige Sekunden inne, werden Sie innerlich ruhig und stellen Sie sich folgende Fragen:

- Hat mein Kind in der letzten Zeit etwas Lustiges oder Nettes gesagt oder getan?
- Obwohl es manchmal so unglaublich schwer ist, mag und schätze ich meine Rolle als Vater/Mutter wirklich? Wie würde ich mich fühlen, wenn ich kein Kind hätte?
- Welches T-Shirt mag mein Kind im Moment? Kann ich mich an sein erstes Paar Schuhe erinnern?
- Kann ich mir vorstellen, wie mein Sohn mit 18 aussehen wird, wenn er die Taschen packt und auszieht, um zu studieren?
- Fühlen Sie sich anders? Hat sich Ihr Geisteszustand verändert?

Mindsight hat das möglich gemacht. Aus der Mitte, der Nabe, heraus konnten Sie die Rahmenpunkte auf Ihrem eigenen Rad des Gewahrseins bemerken und sind sich bewusst geworden, was Sie in dem Moment erlebten. Dann haben Sie Ihren Fokus verändert und Ihre Aufmerksamkeit auf andere Punkte auf dem Rahmen gerichtet. Und als Folge dessen veränderte sich

Ihr gesamter Geisteszustand. *Das ist die Macht Ihres Geistes und so kann Ihr Geist ganz konkret und grundlegend das Gefühl und Handeln gegenüber Ihren Kindern verändern.* Die Integration Ihres Geistes, das heißt das Verbinden der verschiedenen Teile Ihres inneren geistigen Lebens miteinander, hat tatsächlich weitreichende Auswirkungen. Das ist genau die Integration, die durch *Mindsight* möglich ist. Das Rad des Gewahrseins ermöglicht es Ihnen, sämtliche Rahmenpunkte wahrzunehmen und sie dann von der offenen und nachgiebigen Mitte, von der Nabe Ihres Geistes aus, miteinander zu verbinden. Ohne *Mindsight* können Sie auf dem Rahmen stecken bleiben und sich vor allem frustriert, wütend oder nachtragend fühlen. Die Freude am Elternsein ist in diesem Moment verloren. Aber wenn Sie zur Mitte zurückkehren und Ihren Fokus verändern, können Sie beginnen, Freude und Dankbarkeit zu verspüren, Ihren Kindern ein Vater/eine Mutter zu sein – und das geschieht einfach nur dadurch, dass Sie aufmerksam sind und sich entscheiden, Ihre Aufmerksamkeit auf andere Punkte auf dem Rahmen zu richten.

Mindsight kann auch sehr praktisch sein. Denken Sie beispielsweise jetzt an eine Situation, in der Sie auf eines Ihrer Kinder wütend waren. Richtig wütend, eine Situation, in der Sie kurz davor waren, die Fassung zu verlieren. Erinnern Sie sich, was Ihr Sohn getan hat und wie aufgebracht Sie waren? In solchen Momenten brennt die Wut hell und feurig auf dem Rahmen Ihres Rades. In der Tat leuchtet sie so hell, dass sie andere Punkte auf dem Rahmen verblassen lässt, die für das stehen, was Sie für Ihre Kinder fühlen und was Sie über Ihre Kinder wissen: das Verständnis, dass Ihr vierjähriger Sohn wie ein normaler Vierjähriger handelt; die Erinnerung an den Moment vor einigen Minuten, wo sie beim Kartenspiel zusammen lachten; Ihr Versprechen, dass Sie Ihre Kinder nicht mehr am Arm packen wollen, wenn Sie wütend sind; Ihr Wunsch, Ihren Kindern ein Vorbild für einen angemessenen Umgang mit Wut zu sein.

Aber wenn wir nicht durch die Nabe des Rades integriert sind, können wir vom Rahmen des Rades mitgerissen werden. Das untere Gehirn wird stärker als jede integrative Funktion des oberen Gehirns und andere

Punkte auf dem Rahmen werden vom blendenden Licht dieses einzigen Punktes Ihrer alles überstrahlenden Wut verdeckt. Erinnern Sie sich an das „Ausrasten"?

Was können wir in solch einem Moment tun? Ja, genau, Sie haben es erraten: integrieren. Nutzen Sie *Mindsight*, Ihr inneres Sehen. Wenn Sie sich auf Ihren Atem fokussieren, können Sie zumindest wieder zur Mitte Ihres Geistes zurückkehren. Dieser Schritt ist notwendig, um uns aus der völligen Vereinnahmung durch einen einzigen „wütenden" Punkt – oder einigen Punkten – auf dem Rahmen zu lösen. Sobald wir in der Mitte sind, sehen wir, dass es noch andere Punkte auf dem Rahmen gibt, auf die wir achten können. Sie können sich ein Glas Wasser holen, sich strecken oder sich einen Moment Zeit geben, um sich zu sammeln. Wenn Sie dann Ihre Aufmerksamkeit wieder zur Mitte zurückgebracht haben, werden Sie die Freiheit haben, sich zu entscheiden, wie Sie auf Ihr Kind eingehen wollen. Wenn nötig, können Sie dann auch irgendeinen Bruch in Ihrer Beziehung zu Ihrem Kind wieder heilen.

Das bedeutet nicht, dass Sie schlechtes Verhalten ignorieren. Ganz und gar nicht. Es bedeutet genau genommen, dass einer der Rahmenpunkte, den Sie gemeinsam mit den anderen Rahmenpunkten integrieren, Ihre Überzeugung ist, klare Grenzen zu setzen. Es gibt viele Standpunkte, die Sie einnehmen können – von dem Wunsch, dass Ihr Kind sich anders verhalten möge, bis hin zu Sorgen, die Sie sich wegen Ihrer Reaktion darauf machen. Wenn Sie all diese Punkte auf dem Rahmen miteinander verbinden – wenn Sie die Mitte nutzen, um in diesem Moment Ihren Geist zu integrieren –, dann spüren Sie die Bereitschaft, weiterhin einen angemessenen, sensiblen Umgang mit Ihrem Kind zu pflegen. Wenn dann alle Teile Ihres Gehirns zusammenarbeiten, können Sie sich mit Ihrem Kind verbinden, weil Sie mit sich selbst verbunden sind. Sie haben einen viel besseren Ausgangspunkt, so auf Ihr Kind einzugehen, wie Sie es wollen – mit *Mindsight* und der Ganzheit, die Sie sind –, statt mit einer überhitzten Reaktion, die von einem wütenden Punkt auf dem Rahmen Ihres Rades ausgelöst wurde.

KAPITEL 6

Die Ich-Wir-Verbindung

Das Selbst und andere Menschen integrieren

Unsere Kinder darin zu unterstützen, ein aktiver Teilnehmer und Mitgestalter eines Wir zu werden und gleichzeitig nicht den Kontakt zu ihrem individuellen Ich zu verlieren, ist für alle Eltern eine große Aufgabe. Aber Glück und Erfüllung kommen aus der Verbundenheit mit anderen, während man gleichzeitig eine einzigartige Identität behält. Das ist auch die Essenz von Mindsight – wie Sie sich erinnern werden, geht es beim inneren Sehen darum, den eigenen Geist und den Geist anderer Menschen zu verstehen. Durch Mindsight können wir erfüllende Beziehungen entwickeln und gleichzeitig ein gesundes Selbstgefühl aufrechterhalten.

Achtsame Kommunikation mit Kindern

Unsere Kinder sind in der Lage, viele Dinge zu tun. Wenn wir als Eltern jedoch erwarten, dass sie die Welt aus der Sicht eines anderen Menschen sehen sollen, erwarten wir zu viel. Zu wissen, dass vieles von dem, was wir uns für unsere Kinder wünschen, mit der Zeit entsteht, ist wichtig. Wir dürfen darüber aber nicht vergessen, dass wir unsere Kinder darauf vorbereiten können, Kinder, Jugendliche und schließlich Erwachsene zu werden, die nicht nur die Gefühle anderer berücksichtigen, sondern auch gefestigte, liebevolle Beziehungen aufbauen.

INSIGHT + — Einsicht

EMPATHY = — Empathie

MINDSIGHT — Mindsight

Das Thema in den vorangegangenen Kapiteln in diesem Arbeitsbuch war, wie Sie Ihren Kindern helfen, ein integriertes Gehirn zu entwickeln, um Einsicht zu fördern und ein starkes und resilientes Gefühl des „Ich" zu bilden. In diesem Kapitel werden wir uns mit dem interpersonellen

Aspekt von *Mindsight* beschäftigen: den Geist unserer Mitmenschen zu erkennen und zu verstehen. Dadurch wollen wir Empathie und Mitgefühl in unseren Kindern zur Entfaltung verhelfen, damit sie Fertigkeiten und Stärken entwickeln, die ihnen in ihren Beziehungen das ganze Leben hindurch helfen werden. Gleichzeitig ein starkes Selbstgefühl und eine Verbindung zu anderen zu haben führt letztendlich zu Glück und Erfüllung. Einsicht zu gewinnen und *gleichzeitig* den Geist unserer Mitmenschen zu sehen und zu verstehen ist auch die Quintessenz von *Mindsight*.

Das soziale Gehirn: Vernetzt für das „Wir"

Wissenschaftler haben in den letzten Jahrzehnten entdeckt, dass das Gehirn dafür geschaffen ist, in Beziehung zu anderen Gehirnen zu stehen. Mit anderen Worten beeinflussen die Signale, die Sie jeden Tag aus Ihrem sozialen Umfeld und Ihren Interaktionen mit anderen Menschen erhalten, Ihre eigene innere Welt. Wir haben es in *Achtsame Kommunikation mit Kindern* so ausgedrückt: „(...) was *zwischen* Gehirnen entsteht, ist eng mit dem verbunden, was *in* jedem individuellen Gehirn geschieht."

Weil sich kleine Kinder von Natur aus in den frühen Jahren auf sich selber konzentrieren, müssen wir ihnen dabei helfen, über die Perspektive des „einen Schädels", sprich des isolierten Organs in einem Schädel, hinauszugehen und zu einem Verständnis überzuwechseln, dass sie mit Familie, Freunden, ihrer Gemeinschaft und letztlich einer Welt verbunden sind, die weitaus größer ist als sie selber. Das „Ich" entdeckt so Sinn und Glück in der Verbindung und Zugehörigkeit zu einem „Wir". Das ist eine andere Form der Integration, das ist *interpersonelle Integration*. In Dans Buch *Aufruhr im Kopf: Was während der Pubertät im Gehirn unserer Kinder passiert* benutzt er zum ersten Mal den Begriff „MWe" für ein solches integriertes Selbst aus „Ich" und „Wir". MWe, die Fusion aus „Me" (Ich) und „We" (Wir), ist eine integrierte Identität, die sowohl das individuelle Ich als auch die Wichtigkeit unserer miteinander verbundenen Leben anerkennt.

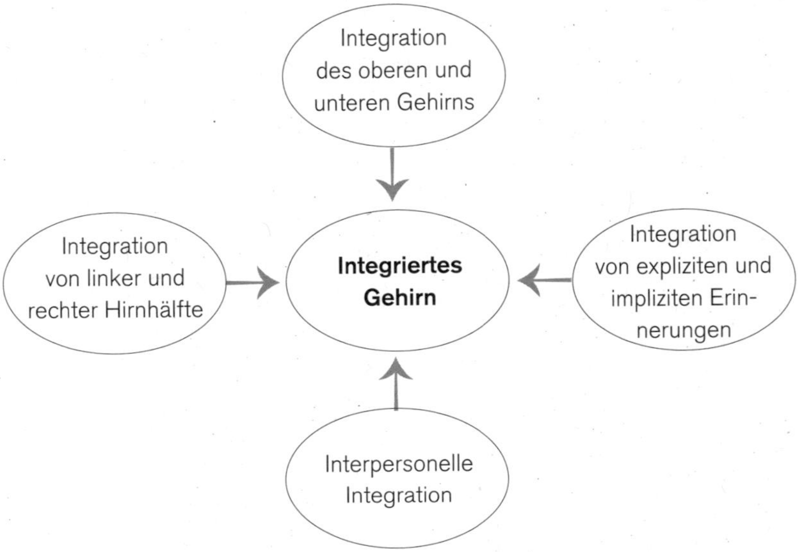

Das Fundament für Verbundenheit legen: Die Schaffung positiver mentaler Modelle

Die wichtigsten Menschen im Leben Ihrer Tochter tun so viel mehr, als sie zu lieben und zu beschützen. Diese Bezugspersonen – Eltern, Großeltern, wichtige Babysitter, Lehrerinnen, Gleichaltrige und andere bedeutende Menschen in ihrem Leben – legen das Fundament dafür, wie sie für den Rest ihres Lebens Beziehungen versteht und eine Verbindung zu anderen Menschen aufbaut.

Weil diese Menschen im Leben Ihrer Tochter einen so großen Einfluss auf ihre emotionale Intelligenz und ihre soziale Entwicklung haben, kann ihre Wichtigkeit nicht hoch genug eingeschätzt werden.

Denken Sie jetzt an die Bezugspersonen und wichtigen Menschen im Leben Ihres Kindes. Notieren Sie ihre Namen und beantworten Sie danach folgende Fragen: Welches mentale Modell vermittelt dieser Mensch meinem Kind? Bin ich damit einverstanden? Möchte ich Änderungen vornehmen, das heißt meinem Kind mehr Zeit mit positiven Modellen beziehungsweise weniger Zeit mit negativen Modellen ermöglichen? In der nachfolgenden Tabelle finden Sie einige Beispiele von uns. Vervollständigen Sie den Rest mit Ihren eigenen Einzelheiten.

Name	Mentales Beziehungsmodell	Meine Gefühle	Handlung
Trainer Taylor	Eine Beziehung zu einem Menschen zu haben bedeutet, zusammenzuarbeiten und für den anderen ein Opfer zu bringen. In einer Führungsposition zu sein bedeutet nicht, ein Diktator, sondern ein Vorbild zu sein.	Positive Gefühle. Ein Mann, der mit Respekt und Güte seine Vorbildfunktion ausübt.	Den Trainer fragen, ob es eine Sommerfreizeit gibt, an der mein Sohn teilnehmen kann. Dafür sorgen, dass er regelmäßig zum Training geht.
Tante Shelly	Eine Beziehung zu einem Menschen zu haben bedeutet, Fehler im anderen zu finden und Kritik zu üben. Es bedeutet, sich schlecht angesichts der eigenen Person zu fühlen oder andere schlecht zu machen, um sich selber besser zu fühlen.	Negative Gefühle. Ich möchte nicht, dass ein solcher Mensch mein Kind beeinflusst oder seine Ansichten mit meinem Kind teilt.	Einschränken, wie oft wir sie sehen. Meine Kinder nicht alleine mit ihr lassen. Vielleicht mit Shelly darüber sprechen, welche Wirkung sie auf uns hat.

Name	Mentales Beziehungsmodell	Meine Gefühle	Handlung
Joey Thomas	Beziehungen unter Gleichaltrigen bedeuten Konkurrenz, Eifersucht, Rivalitäten und dass jeder mein Feind ist.	Negative Gefühle. Ich möchte nicht, dass mein Kind einen solchen Freund hat. Eine solche Freundschaft erzeugt Stress in der Schule. Für meinen Sohn ist Konkurrenz nun etwas Negatives.	Mit meinem Sohn darüber sprechen, wie echte Freundschaft aussieht und welche Gefühle sie auslöst. Ihm dabei helfen, herauszufinden, welche seiner Freunde gute Freunde sind, und sie einladen.

Name	Mentales Beziehungsmodell	Meine Gefühle	Handlung

Bitte bedenken Sie, dass die einflussreichen Menschen im Leben Ihrer Kinder nicht die Menschen sein müssen, mit denen sie die meiste Zeit verbringen. Entscheidend ist, welche Rolle jeder dieser Menschen für Ihr Kind erfüllt (*Lehrerin, Gleichaltriger, Mentor, Vertrauter*) und wie viel Einfluss dieser Mensch darauf hat, wie Ihre Kinder sich selber und die Welt um sie herum sehen.

Über die Selbstwahrnehmung Ihres Kindes nachdenken

Manche Kinder müssen lernen, wie sie sich mit anderen verbinden und über andere denken. Andere müssen ein stärkeres Selbstgefühl und die Bereitwilligkeit entwickeln, stark zu sein und für die eigene Person einzutreten. Zur Erinnerung: Eine integrierte Erfahrung bedeutet, sowohl das individuelle Selbst als auch das relationale Selbst wertzuschätzen. Fehlt entweder das eine oder das andere, ist unser Leben nicht integriert und wir neigen eher zu Chaos oder Erstarrung, statt mit dem Gefühl von Harmonie und Glück zu leben, das mit Integration einhergeht.

Um Ihren Kindern dabei zu helfen, ihre Fertigkeiten zu fördern und ihre „Beziehungs-Muskeln" zu stärken, denken Sie darüber nach, in welchen Bereichen Ihre Kinder zusätzliche Unterstützung bei der Entwicklung ihres Selbstgefühls benötigen. Braucht Ihre Tochter Ihre Hilfe bei ihrem individuellen oder bei ihrem relationalen Selbst? Neigt sie dazu, ihr individuelles Selbst in den Bedürfnissen anderer zu verlieren? Tritt sie zu sehr für ihre eigene Meinung ein und missachtet die Bedürfnisse und Gefühle ihrer Mitmenschen? Mit diesen Integrationsfragen können Sie erkunden, wie die Erfahrungen des individuellen Selbst und des relationalen Selbst, das „Ich" und das „Wir", im Gleichgewicht stehen, um die integrierte Identität eines *MWe*, einer Fusion von Ich und Wir, zu fördern. Redet Ihre Tochter schlecht über sich selber, hat sie Angst, hält ihre Schüchternheit sie davon ab, Dinge zu tun, hat sie Schwierigkeiten, ihre Bedürfnisse geltend zu machen, oder kann sie ihre Gefühle nicht erklären?

Notieren Sie, was Ihnen auffällt:

....

....

....

....

....

....

Denken Sie nun darüber nach, ob das, was Ihnen aufgefallen ist, ein Zeichen dafür sein könnte, dass Ihre Tochter an ihren Fertigkeiten arbeiten muss, ihr „Wir" zu entwickeln, das heißt, zu zeigen, dass sie mit anderen gut interagieren und auf sie eingehen kann. Hat sie beispielsweise Schwierigkeiten damit, soziale Signale zu deuten, kann sie nicht zwischen Spaßmachen und Hänseln unterscheiden, spielt sie nicht gerne in der Gruppe, bereitet es ihr Mühe, Freundschaften zu schließen und aufrechtzuerhalten, kann sie nicht teilen oder hat sie Schwierigkeiten, Dinge von der Warte eines anderen aus zu sehen? Schreiben Sie alles auf, was Ihnen einfällt:

....

....

....

....

....

Über die Fähigkeit unserer Kinder nachzudenken, *Mindsight* im Alltag zu benutzen, ermöglicht es uns als Eltern, das Grundgerüst bereitzustellen, das sie benötigen, um ihr Verständnis von der eigenen Person und anderen zu verbessern und so gut funktionierende Beziehungen zu erleben. Das ist das Gerüst für ein integriertes Selbst für unsere Kinder.

Das Selbst und andere integrieren

Werden Sie jetzt konkret und überlegen Sie sich, wie Sie die Bedürfnisse Ihres Kindes in den oben aufgeführten Bereichen ansprechen. Wenn Sie Ihre Tochter als schüchtern beschrieben haben, sollten Sie sie vielleicht dazu ermuntern, neue Dinge auszuprobieren, gleichzeitig aber auch wissen, wann es besser ist, statt Druck Verständnis zu zeigen. (Wir bezeichnen es als „Druck und Dämpfen". Tina hat den Begriff von einem Workshop-Teilnehmer. Manche Kinder brauchen mehr Druck, andere müssen gedämpft werden. Sie entscheiden, was, je nach Temperament, Alter und Stimmung Ihres Kindes, im jeweiligen Moment nötig ist.)

Ein anderes Kind, dem es schwerfällt, die Perspektive anderer zu berücksichtigen, könnte dagegen von Fragen profitieren wie „*Wie fühlt sie sich deiner Meinung nach?*", um Empathie zu üben. Und ein ungestümes Kind braucht eventuell Hilfe beim Deuten sozialer Signale.

Wie auch immer Sie die besonderen Bedürfnisse Ihres Sohnes beschreiben, um ein erfolgreiches „Wir" mit anderen zu bilden, notieren Sie nun einige bestimmte Ideen, um ihm dabei zu helfen, die benötigten Fertigkeiten zu entwickeln und seine relationalen „Muskeln" zu trainieren.

....

....

....

Genauso wenig wie wir möchten, dass unsere Kinder nur ihre linke Hirnhälfte oder nur ihre rechte Hirnhälfte benutzen, wollen wir auch nicht, dass sie sich nur auf ihr individuelles Selbst konzentrieren und nur mit sich selbst beschäftigt und isoliert sind. Wir wollen ebenso wenig, das sie sich nur in einer relationalen Perspektive sehen, wodurch sie kein klares Bild der eigenen Individualität aufbauen und anfällig für ungesunde Beziehungen werden. Wir wünschen uns ein integriertes Gehirn für unsere Kinder und integrierte Beziehungen für sie, in denen sie sowohl differenziert (getrennt) als auch verbunden (in Beziehung zu anderen) sind. Das ist *MWe*, das ist die Verbindung von Ich und Wir.

Einen bejahenden Geisteszustand kultivieren: Wie wir Kindern helfen, für Beziehungen empfänglich zu sein

Sie haben es sicher schon bemerkt: Manchmal ist Ihr Sohn *empfänglich* für alles, was Sie sagen, und manchmal ist er einfach nur *reaktiv*. Wir haben alle Momente, in denen wir Ideen, Menschen und Erfahrungen gegenüber offen sind … und Momente, in denen das Gegenteil zutrifft. Wenn Sie sich nicht offen fühlen, schalten Sie wahrscheinlich ab, Sie sind verschlossen und defensiv. In einem solchen Moment sollte Ihr Partner oder Ihre Partnerin besser *nicht* erwähnen, dass Sie gestern die Kinder zu spät zum Karatetraining gebracht haben!

Reaktiver Zustand – verneinender Zustand des Geistes	**Empfänglicher Zustand – bejahender Zustand des Geistes**
Abschalten	Gut zuhören und sich verbunden fühlen
In die Defensive gehen	Die Gefühle des anderen berücksichtigen
Anklagen/kritisieren	Dem anderen einen Vertrauensbonus geben
Engstirnig reagieren	Sich entspannt und offen fühlen
Reagieren, ohne nachzudenken	Innehalten und wohlüberlegt antworten
Angespannte Muskeln und erhöhte Herzfrequenz	Entspannte Muskeln und ruhiger Herzschlag

Um diese verschiedenen Geisteszustände selber zu erleben, können Sie folgende Übung aus *Achtsame Kommunikation mit Kindern* machen. Bitten Sie Ihren Partner oder Ihre Partnerin um Hilfe und lassen Sie ihn oder sie ein Wort mehrmals wiederholen. Ihre Aufgabe besteht nur darin, auf die Gefühle zu achten, die in Ihrem Körper aufsteigen, wenn Sie das Wort hören.

Das erste Wort ist „Nein", das bestimmt – und eher brüsk – siebenmal wiederholt wird. Zwischen jedem „Nein" wartet Ihr Partner/Ihre Partnerin etwa zwei Sekunden. Nach einer weiteren Pause sagt er oder sie siebenmal ein klares – aber sanfteres – „Ja".

Notieren Sie, wie Sie sich nach dem „Nein" fühlten (*erdrückt, verärgert, abgeschaltet, kritisiert*) und welche Gefühle das „Ja" auslöste (*leicht, ruhig, friedvoll*).

....

....

Diese unterschiedlichen Reaktionen – die „Nein"-Gefühle und die „Ja"-Gefühle – zeigen, was wir mit Reaktivität und Empfänglichkeit meinen. Reaktivität entsteht im unteren Gehirn und wir schalten ab, sind aufgebracht und defensiv, während Empfänglichkeit das auf soziale Kontakte ausgerichtete System des oberen Gehirns einschaltet, das uns mit anderen verbindet. Wir fühlen uns sicher und gesehen.

Einen empfänglichen Zustand in Ihrem Kind schaffen

Sie wissen nun, was es heißt, sich in einem reaktiven Zustand und in einem empfänglichen Zustand zu befinden. Nutzen wir dieses Wissen und sehen uns genauer an, ob Sie Ihren Kindern auch dann etwas vermitteln, wenn sie tatsächlich in der Lage sind, zu lernen.

Schreiben Sie bitte einige Interaktionen mit Ihrem Kind auf, bei denen Sie Ihrer Tochter etwas vermitteln wollten (*Hilfe, Rat, Erkenntnisse, korrektes Verhalten*). Notieren Sie in der zweiten und dritten Spalte ihre Reaktion sowie die Signale, die Ihnen (im Nachhinein) zeigen, ob sie in dem Moment in einem empfänglichen oder reaktiven Zustand war. Halten Sie in der vierten Spalte Ihre Ideen fest, was Sie beim nächsten Mal anders machen könnten oder warum die Interaktion erfolgreich war. Als Einstieg geben wir Ihnen zwei Beispiele. Versuchen Sie, die restliche Tabelle mit Ihren eigenen Erlebnissen zu vervollständigen.

Ereignis	Reaktion des Kindes	Reaktiv oder empfänglich?	Beim nächsten Mal
Im Auto mit meinen beiden Kindern, die sich streiten. Ich versuche, meiner Tochter zu erklären, dass sie ihren Ton ändern muss (weil ich ihr helfen will, ihre Position zu vertreten, ohne dabei ihren Bruder zu verärgern).	*Sie fängt an zu weinen und sagt, ich ergreife immer Partei für ihn. Ist jetzt noch wütender auf ihn. Verschränkt die Arme, schmollt und schaut mich nicht an. Der Streit zwischen den beiden geht weiter.*	*Reaktiv. Der Streit zwischen den beiden wurde heftiger. Ihre laute Stimme und starre Körpersprache waren Anzeichen dafür, dass es zu viel für sie war, sich ihrem Bruder gegenüber zu verteidigen. Mein Einschreiten brachte das Fass zum Überlaufen.*	*Anhalten. Wenn möglich, beide aus dem Auto bitten, um eine räumliche Distanz zwischen beiden zu schaffen. Zumindest den Streit später ansprechen, wenn sie sich beruhigt hat (und ihr Bruder nicht bei ihr ist), damit sie mir besser zuhören kann, ohne in die Defensive zu gehen.*
Mein Sohn hatte Schwierigkeiten mit den Hausaufgaben und war deswegen sehr wütend. Ich wollte ihm helfen und ihm mein Mitgefühl zeigen, indem ich ihm sagte, wie schwer seine Hausarbeiten zu sein schienen und wie frustriert er klang. Dann fragte ich ihn, ob ich ihm irgendwie helfen könne.	*Ich bemerkte, dass mein Mitgefühl ihm half, sich zu entspannen – sein Gesicht wurde sanfter, er atmete tiefer. Er lehnte sich zurück und seufzte. Als ich ihn fragte, ob ich ihm irgendwie helfen könne, war er in der Lage, über seine Schwierigkeiten zu sprechen.*	*Empfänglich. Mein Mitgefühl erlaubte es ihm, sich zu entspannen und alles andere aufzunehmen.*	*Manchmal vergesse ich, zuerst Mitgefühl zu zeigen, und mache sofort Vorschläge, wie sein Problem zu lösen ist. Das funktioniert fast nie. Ich muss mich selber daran erinnern, ihm immer zuerst zu zeigen, dass ich ihn verstehe. (Verbinden und Umleiten!)*

Ereignis	Reaktion des Kindes	Reaktiv oder empfänglich?	Beim nächsten Mal

Sie wissen jetzt, wie Ihre Worte, je nach seinem eigenen emotionalen Zustand, von Ihrem Kind aufgenommen wurden, und finden es deshalb vielleicht hilfreich, kindliche Verhaltensweisen zu notieren, während Ihr Sohn oder Ihre Tochter zwischen einem reaktiven (*seufzen, die Augen verdrehen, die Arme verschränken*) und einem empfänglichen Zustand (*entspannter Körper, Blickkontakt, Gesprächsbereitschaft*) hin und her wechseln:

....

....

....

....

....

....

....

....

....

....

....

Zu wissen, wie Ihr Sohn signalisiert, dass er sich in einem empfänglichen oder einem reaktiven Zustand befindet, bedeutet, zu wissen, was er in diesem Moment braucht.

11. Strategie für ein integriertes Gehirn: Steigern Sie den Freudefaktor in der Familie – Wie wir dafür sorgen, dass *wir die gemeinsame Zeit genießen*

Lachen, albern sein und Spaß mit Ihren Kindern zu haben sorgt für einen Stimmungsumschwung, wenn sich alle in einem reaktiven Zustand befinden. Selbstverständlich brauchen Kinder Strukturen und Grenzen, aber „spielerische Varianten des Elternseins" und positive Erlebnisse als Familie geben dem Leben und der Entwicklung Ihres Kindes mehr, als Sie sich vielleicht bewusst sind, denn sie:

- bereiten Kinder auf Beziehungen vor
- fördern die Verbindung zu anderen
- sind eine positive Verstärkung, dass sich das Kind in einer liebevollen Beziehung befindet
- verstärken das positive und gesunde Verlangen, wenn Dopamin vom Belohnungssystem in Zusammenhang mit freudigen Familienbeziehungen freigesetzt wird (Spaß und Spielen sind Belohnungen)
- stärken die Bindung zwischen Eltern und Kind
- verbessern die Beziehung unter Geschwistern
- helfen dabei, negative Emotionen zu verlagern
- verbessern die kindliche Empfänglichkeit, reduzieren Reaktivität
- verringern Machtkämpfe und fördern Kooperation!

11. Strategie

Statt Befehlen und Fordern …

… versuchen Sie: spielerische Varianten

Als Erwachsene sind wir oft zu sehr damit beschäftigt, Dinge zu erledigen und zur nächsten Aufgabe überzugehen. Deswegen neigen wir von Natur aus nicht dazu, wichtige Lebensfertigkeiten spielerisch zu vermitteln oder albern zu sein, wenn wir Emotionen verändern wollen. Je öfter wir es jedoch tun, desto leichter wird es. Und es spart Zeit und Energie, weil unsere Kinder viel eher mit uns zusammenarbeiten, wenn wir spielerisch sind.

Ziehen Sie die Macht des Spielerischen in Betracht

Denken Sie an die Momente Ihres Tages, die normalerweise in Machtkämpfen zwischen Ihnen und Ihrem Kind enden. Ist es Ihnen manchmal unmöglich, Ihr Kind zur Zusammenarbeit zu bewegen? Für manche Familien können Momente wie sich für die Schule fertig machen, Hausarbeiten, Essens- oder Schlafenszeiten Spannung und Frustration erzeugen und sogar zu Situationen werden, denen sie am liebsten aus dem Weg gingen.

Ziehen Sie in solchen Momenten die Macht des Spielerischen in Betracht. Wie können Sie Albernheit (oder spielerische Aspekte) einsetzen, wenn Sie mit den Momenten Ihres Tages umgehen müssen, die normalerweise in Tränen oder Wutausbrüchen enden? Werfen Sie einen Blick auf die nachfolgende Tabelle. Wir haben einige Beispiele typischer Situationen und möglicher Alternativen für Sie zusammengestellt. Ergänzen Sie sie durch Ihre eigenen Beispiele und überlegen Sie sich, wie das Ergebnis aussähe, wenn Sie anders auf das Verhalten Ihres Kindes reagierten oder Ihren Ansatz, Ihr Kind zur Kooperation zu ermutigen, ändern würden.

Situation	**Wie ich normalerweise reagiere/zur Kooperation anrege**	**Etwas Albernes, Lustiges oder Spielerisches, das ich stattdessen tun kann**
Mein Sohn schafft es einfach nicht, sich morgens rechtzeitig für die Schule fertig zu machen. Ich habe das Gefühl, ihm deswegen ständig in den Ohren zu liegen, und wir sind hinterher beide frustriert.	*Nörgeln (ihn um jeden Schritt mehrmals bitten).* *Aufgabentafel.* *Alles selber machen.* *Gereizt reagieren, wenn er in der letzten Minute zurück rennt, um die vergessenen Hausaufgaben, den Pullover oder das Pausenbrot zu holen.*	*Da er Computerspiele mag, kann ich aus unserer Morgenroutine vielleicht ein Spiel machen, bei dem jede erledigte Aufgabe ein neues Level bedeutet. Und wenn er ein neues Level erreicht, können wir ein albernes Lied singen oder tanzen (das würde mein Stressniveau vermutlich auch reduzieren).* *Ihn dazu ermuntern, seinen Spielstand jede Woche zu verbessern, indem er seine Aufgaben schneller erledigt? Ihm zusätzliche Aufgaben geben?*

Situation	Wie ich normalerweise reagiere/zur Kooperation anrege	Etwas Albernes, Lustiges oder Spielerisches, das ich stattdessen tun kann
Meine Tochter sträubt sich jedes Mal, wenn es Zeit für ein Bad ist. Sie versucht, mich in lange Diskussionen zu verwickeln, um nicht baden zu müssen, auch wenn das letzte Bad schon lange her ist. Ich glaube, es hat mehr damit zu tun, dass sie mit dem, was sie gerade tut, nicht aufhören will, als dass sie das Baden nicht mag (sie findet es toll, wenn sie erst einmal in der Badewanne ist).	*Ich habe Belohnungen versucht, mit ihr „verhandelt", geschrien, ihr erlaubt, zu bestimmen, wann gebadet wird usw. Jetzt erwarte ich einen Machtkampf und bin schon wütend, bevor ich das Baden ankündige.*	*Das Baden in einem albernen Akzent ankündigen oder so tun, als ob ich die Schauspielerin aus der TV-Serie bin, die sie sich so gerne anschaut, und den Akzent die ganze Badezeit über beibehalten.* *Eine Schatzkarte gestalten, die zum Bad führt?* *So tun, als wäre ich ein Pony, und sie auf meinem Rücken zum Badezimmer reiten lassen?*

Situation	Wie ich normalerweise reagiere/zur Kooperation anrege	Etwas Albernes, Lustiges oder Spielerisches, das ich stattdessen tun kann

Wir haben heute alle so viel zu tun, dass es leicht passiert, sich nur auf seine Aufgabenliste zu konzentrieren und sie Punkt für Punkt abzuarbeiten. Dabei verlieren wir aber die Tatsache aus den Augen, dass unsere Kinder Menschen mit einem eigenen inneren Leben, einem eigenen Temperament und einer eigenen Aufgabenliste sind! Ja, es ist richtig, dass unsere Kinder lernen müssen, mit anderen zusammenzuarbeiten, Sachen zu Ende zu bringen und als Teil einer Gruppe zu denken. Aber die Verbindung zu (und Geduld mit) Ihren Kindern über Ihren eigenen Wunsch zu verlieren, sie mögen das tun, was Sie wollen und wann Sie es wollen, ist nicht sehr konstruktiv, um derartige Fertigkeiten zu vermitteln.

Wenn Sie sich potenziellen Machtkämpfen mit Ihrem Kind gegenübergestellt sehen, sollten Sie zuerst Ihre eigenen Verhaltensmuster beobachten und dann Platz schaffen für einen anderen, leichteren Ansatz, der zu weniger Widerstand seitens Ihres Kindes und mehr Verbindung zwischen Ihnen beiden führt.

Über den Freudefaktor in unserer Familie nachdenken

Der Alltag von uns allen ist hektisch und Pflichten außerhalb der Familienzeit sind meist sehr wichtig. Haben Sie allerdings jemals das Gefühl, dass Sie die Zeit mit Ihren Kindern hauptsächlich damit verbringen, ihr Verhalten zu korrigieren – oder sie einfach nur zu „managen", bis es Zeit zum Schlafengehen ist? Dann halten Sie bitte inne und stellen sich folgende Frage: „Wie viel Freude haben wir gemeinsam als Familie?". Fällt die Antwort in die Kategorie „nicht genug", wäre es gut, sich zu überlegen, wie Sie absichtsvoll die Zeit mit Ihren Kindern genießen können. Was könnten Sie tun, damit Spaß und Freude mit ihnen häufiger ganz vorne in Ihrem Bewusstsein zu finden sind? Notieren Sie Ihre Gedanken dazu hier:

....

Betrachten Sie diese Frage jetzt aus der Sicht Ihrer Kinder. Was würden sie Ihrer Meinung nach über die gemeinsame Zeit als Familie sagen? Dass sie einen Dopaminschub, ein Gefühl der Begeisterung, Freude oder Anteilnahme, erhalten, wenn die ganze Familie Zeit miteinander verbringt? Freuen sie sich auf die gemeinsame Zeit? Oder meinen Ihre Kinder, dass es mehr Anspannung und Streit als Freude gibt? Werden sie mit dem Wissen aufwachsen, dass, auch wenn niemand perfekt war und es manchmal Konflikte gab, sie alle eine gute Zeit als Familie hatten? Denken Sie über diese Fragen nach und halten Sie hier Ihre Gedanken dazu fest:

Freude in einer Familie zu kultivieren bedeutet nicht nur wichtige Ereignisse. Das liebevolle Gute-Nacht-Sagen am Abend, das gemeinsame Höhle-Bauen und das Lachen über abgedroschene Witze sind alles Momente, die ihre Familie näher zusammenbringen und Ihren Kindern dabei helfen, jene Beziehungsfertigkeiten aufzubauen, die wir auf den vorangegangenen Seiten erwähnt haben. Beschreiben Sie, woran Ihre Familie gemeinsam Freude hat.

....

....

....

....

Sehen Sie sich jetzt an, was Sie aufgelistet haben, und erkennen Sie an, wie viel Freude Sie bereits als Familie haben. Überlegen Sie sich nun einige Möglichkeiten, wie Sie noch mehr gemeinsame Freude und Lachen in Ihre gemeinsame Zeit einbringen können – vielleicht mit einem wöchentlichen Spieleabend oder einem Witzebuch beim Abendessen oder Sie machen eine Radtour oder kaufen Tickets für den Zirkus, der in der Stadt gastiert. Überlegen Sie sich einfach ein paar Ideen, um den Freudefaktor in der Familie zu steigern.

....

....

....

....

12. Strategie für ein integriertes Gehirn: Verbinden durch Konflikt – Wie wir Kinder lehren, bei Meinungsverschiedenheiten das „Wir" zu berücksichtigen

Es macht fast nie Spaß, wenn sich unsere Kinder nicht miteinander vertragen. Trotzdem können wir ihre Konflikte als Anlass nehmen, sie darin zu unterstützen, in ihren Beziehungen zu anderen besser zu werden und *Mindsight*-Fertigkeiten zu entwickeln. Vielleicht nimmt das ja den Streitigkeiten und Querelen ein wenig den Stress.

In *Achtsame Kommunikation mit Kindern* haben wir drei Fertigkeiten zur Entwicklung von *Mindsight* vorgestellt:

1. Durch die Augen des anderen sehen: *Wie Kinder andere Sichtweisen verstehen können*
2. Auf das Ungesagte hören: *Wie wir Kinder etwas über nonverbale Kommunikation und das Einstimmen auf andere lehren können*
3. Versöhnen: *Wie wir Kinder lehren können, nach einem Konflikt etwas wiedergutzumachen*

Schauen wir uns an, wie wir diese Fertigkeiten in die Tat umsetzen können, damit wir alle solche individuellen Konflikte überstehen und unsere Kinder ihr ganzes Potenzial entfalten können, während sie sich auf das Erwachsensein zubewegen.

Durch die Augen des anderen sehen

Wenn unsere Kinder auf jemanden wütend sind, dann liegt das oft daran, dass sie die Interaktion nicht aus der Perspektive des anderen sehen können.

12. Strategie

Statt Ablehnen und Leugnen …

… versuchen Sie: Verbinden durch Konflikt

Weil diese Fertigkeit nicht von selber entsteht, besonders nicht in kleinen Kindern, kann eine praktische Übung dazu sehr hilfreich sein.

Es ist wahrscheinlich am einfachsten, die folgende Übung zum ersten Mal auszuprobieren, wenn es einen Konflikt zwischen Ihrem Kind und einem anderen Familienmitglied gibt. Sie können sie aber auch mit jedem anderen Menschen machen, von dem Sie ein gutes Foto haben.

Sie benötigen ein Foto von dem Menschen, über den sich Ihr Kind geärgert hat (das können auch Sie sein). Am besten eignet sich eine Porträtaufnahme, die das Gesicht in Lebensgröße zeigt. Weiterhin brauchen Sie eine Schere oder ein Teppichmesser, zwei ca. 30 cm lange Stücke Schnur oder Garn und transparentes Klebeband.

Schneiden Sie sämtliches extra Papier vom Gesicht zurück und benutzen Sie Schere oder Teppichmesser, um die Augen auszuschneiden, damit Sie durch die so entstandenen Löcher hindurchsehen können. Befestigen Sie jeweils ein Ende der Schnur an beiden Seiten mit Klebeband in Stirnhöhe, damit sie die Enden wie eine Maske hinter dem Kopf Ihres Kindes befestigen können.

Bitten Sie nun Ihre Tochter, sich vor den Spiegel zu stellen, damit sie sieht, dass sie nicht nur so aussieht wie der Mensch, mit dem sie einen Konflikt hat (*Freundin, Schwester, Vater*), sondern im wahrsten Sinne des Wortes durch die Augen des anderen blickt. (Es ist durchaus in Ordnung, während dieser Übung Spaß zu haben und albern zu sein, denn es wird sich für Sie beide zuerst seltsam anfühlen. Erlauben Sie es sich daher, den Moment zu genießen.)

Während sich Ihre Tochter weiterhin im Spiegel betrachtet, lassen Sie sie darüber nachdenken, wie sich die andere Person sowohl vor als auch nach dem Konflikt gefühlt haben mag.

Beginnen Sie, mit ihr über das Problem zu sprechen, dass sie und die andere Person haben. Ihre Tochter mag sich am Anfang vielleicht etwas albern vorkommen, ermutigen Sie sie jedoch, weiterzumachen. Indem Sie die Rolle Ihrer Tochter übernehmen, können Sie sie durch das Gespräch führen und dem, was sie eventuell in dem Moment sagen wollte, eine Stimme geben und ihre Gefühle in der Situation für sie veranschaulichen.

Dadurch kann sie die Dinge aus der Perspektive des anderen sehen. Ein solches Gespräch zwischen Ihrer Tochter und einer Schulfreundin, mit der sie Streit hatte, könnte beispielsweise so aussehen:

Sie (in der Rolle Ihrer Tochter): *Als ich gestern mit Lilah spielen wollte, hast du mir das Gefühl gegeben, dass du nicht mehr meine Freundin bist, wenn ich nicht mit dir spiele!*

Ihre Tochter (mit der Maske vor dem Spiegel, in der Rolle der anderen Person): *Du spielst nie mit mir! Du bist meine Freundin, nicht ihre!*

Sie: *Ja, klar bin ich deine Freundin. Das werde ich immer sein, selbst dann, wenn ich mit anderen spiele. Als du sagtest, du wärest nicht mehr meine Freundin, hatte ich Angst.*

Ihre Tochter: *Ich wollte dir keine Angst einjagen. Ich wollte nur, dass du mit mir spielst. Ich war wohl eifersüchtig.*

Sie: *Hattest du Angst, ich wäre nicht mehr deine Freundin, wenn ich mit Lilah spiele?*

Ihre Tochter: *Ja … vielleicht. Vielleicht dachte ich, du magst sie lieber als mich und ich hätte dich als meine beste Freundin verloren.*

Sie: *Das muss ein schlimmes Gefühl gewesen sein. Ich wette, du warst richtig ärgerlich und hattest gleichzeitig Angst! Es fällt mir schwer, ruhig zu sein, wenn ich mich so fühle, und manchmal sage ich das, was mir als Erstes in den Sinn kommt. Ging dir das auch so?*

Ihre Tochter: *Ich glaube schon. Ich wollte, dass du mit mir spielst und habe deswegen gesagt, dass ich nicht mehr deine Freundin bin. Das war nicht nett von mir, aber ich wusste nicht, was ich sonst sagen sollte.*

Wenn Sie das Gefühl haben, dass Ihre Tochter eine gute Vorstellung davon hat, was die andere Person in dem Moment gefühlt haben mag, können Sie das Rollenspiel beenden und das Gespräch zusammenfassen: *Vielleicht war Zoe ja gar nicht gemein und rechthaberisch, sondern eifersüchtig und vielleicht hatte sie auch ein wenig Angst. Was meinst du? Siehst du die Situation jetzt etwas anders?*

Setzen Sie sich bitte nicht unter Druck und meinen jetzt, diese Übung müsse perfekt ablaufen. Sie versuchen einfach nur, Ihre Tochter die Situation aus einer anderen Perspektive sehen zu lassen. Das ist schon alles.

Nonverbale Zeichen deuten

Wenn es um Beziehungskonflikte geht, ist neben dem Betrachten der Situation aus einer anderen Perspektive entscheidend, die Körpersprache, Gesichtsausdrücke und Stimmlage des anderen zu verstehen. Derartige nonverbale Zeichen vermitteln manchmal mehr als Worte und weil Kinder von Natur aus nicht gut darin sind, *Ungesagtes* zu interpretieren, benötigen sie unsere Hilfe. Diese kann einfach nur darin bestehen, Ihr Kind auf das Thema anzusprechen wie zum Beispiel folgendermaßen:

Vater: *Wie nimmt Matt die Niederlage hin?*

Sohn: *Ich habe gerade mit ihm gesprochen. Es macht ihm nichts aus.*

Vater: *Schau ihn dir an. Glaubst du ihm? Sieht er so aus, als ob es ihm nichts ausmachen würde?*

Sohn: *Vielleicht nicht.*

Vater: *Sollen wir rübergehen und hallo sagen?*

Sohn: *Ja.*

Manchmal bedarf es mehr Mühe Ihrerseits und Sie müssen Ihrem Kind die vielen verschiedenen Formen der Kommunikation erklären. Das ist relativ einfach. Fangen wir aber zuerst damit an, festzuhalten, wie gut Ihr Sohn Ihrer Meinung nach darin ist, nonverbale Zeichen zu deuten. Welche nonverbalen Zeichen versteht Ihr Sohn auf Anhieb? Gibt es Gründe dafür, warum er manche Zeichen gut und andere weniger gut interpretieren kann? Beschäftigen Sie sich bitte mit diesen Fragen hier:

Mit Hilfe solcher Reflexionen können Sie die Stärken Ihres Sohnes genauer festlegen und die Bereiche bestimmen, in denen er Hilfe braucht, um die Nuancen der Kommunikation zu identifizieren und zu verstehen. Selbst Kinder, die sozial sehr versiert sind, benötigen ab und zu extra Beistand, um zu entschlüsseln, was wirklich in ihren Beziehungen stattfindet.

Deute meine Zeichen: Ein Ratespiel

Eine Möglichkeit, die Empathie und Einsicht Ihres Kindes zu fördern, ist das Ratespiel „Deute meine Zeichen“. Ist Ihr Kind im Kindergartenalter, können Sie damit anfangen, ihm die verschiedenen Emotionen im Gesicht und mit dem Körper zu zeigen und Ihr Kind zu bitten, die dahinterstehende

Emotion zu erraten. Sie können Ihr Kind auch bitten, Ihnen die eigenen Gefühle zu zeigen: „Zeig mir, wie dein Körper und Gesicht aussehen, wenn du glücklich bist. Und zeig mir jetzt, wie ärgerlich aussieht."

Im Schulalter können Sie Ihren Kindern erklären, dass ihre Mitmenschen zusätzlich zu dem, was sie sagen, Signale oder Zeichen über ihre Gefühle auf ganz verschiedene Weise aussenden. Ein Junge, der ein großes Fußballspiel verloren hat, mag zum Beispiel sagen, es gehe ihm gut, aber er lässt Schultern und Kopf hängen und sieht nach unten. Seine Körpersprache ist ein nonverbales Zeichen dafür, dass das Gegenteil der Fall ist.

Benutzen Sie Bilder, Zeitschriften oder Fotoalben und bitten Sie Ihr Kind, zu beschreiben, was die abgebildete Person aufgrund von Körpersprache und Gesichtsausdruck in dem Moment fühlte. Sie können dieses Spiel auf Filme oder Fernsehprogramme ausdehnen: Stellen Sie den Ton ab und lassen Sie Ihr Kind Gefühle interpretieren. Sie können die gleiche Übung auch in der Öffentlichkeit machen, solange Sie weit genug von Ihren Mitmenschen entfernt sind und diese Sie nicht hören, wenn Sie über sie sprechen!

In unserer Praxis benutzen wir Plakatkartons. Wir teilen jede Seite in vier Quadrate ein, die wir mit verschiedenen Gefühlen beschriften. Wir benutzen solche Plakate auf unterschiedliche Weise. Wir lassen die Kinder auf den Quadraten stehen und das Gefühl nachspielen. Oder sie schneiden Bilder aus Zeitschriften aus und kleben sie in das entsprechende Quadrat. Oder sie malen ihr eigenes Gesicht, das die jeweilige Emotion zeigt. Sie könnten beispielsweise Fotos von Ihren Kindern machen, wenn sie die verschiedenen Emotionen nachspielen, sie dementsprechend kennzeichnen und in ein Buch kleben. Es gibt viele Varianten dieses Spiels! Sie dürfen ruhig kreativ werden!

Wenn Ihr Sohn dann das nächste Mal einen Konflikt mit einem Freund hat oder das Verhalten eines Mitmenschen nicht versteht, lassen Sie ihn eine der oben beschriebenen Aktivitäten machen und bitten Sie ihn, die nonverbale Kommunikation Revue passieren zu lassen, denn er hat vielleicht bestimmte Signale zur Lösung des Konflikts übersehen.

Versöhnen lernen

Als Erwachsene wissen wir um den Wert der Entschuldigung und wir zeigen unseren Kindern, wie sie die Momente erkennen, in denen sie um Verzeihung bitten müssen. Aber Kinder müssen genauso wissen, wann es Zeit für eine Versöhnung ist und wann sie aktiv einen Fehler wiedergutmachen müssen. Wenn es uns gelingt, die Abwehr und den Widerwillen unserer Kinder zu durchbrechen, Verantwortung zu übernehmen, können wir ihnen zu einem umsichtigen Umgang mit den Menschen verhelfen, die sie verletzt haben, und sie dazu ermuntern, sich um Wiederverbindung zu bemühen.

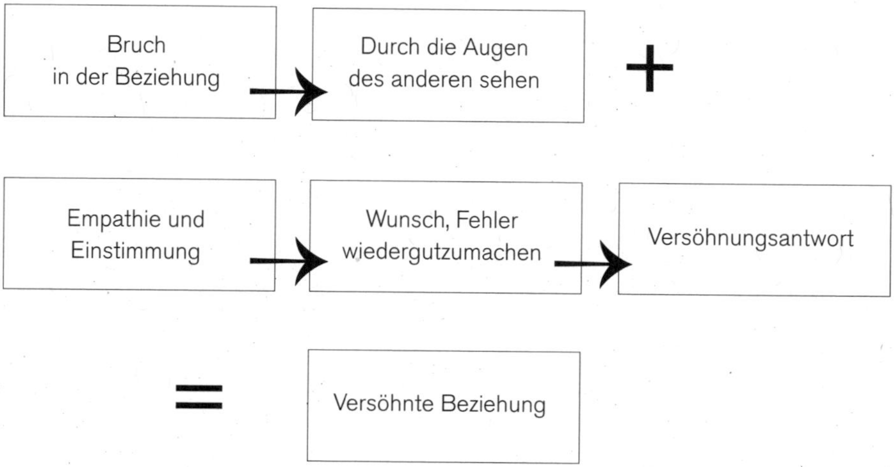

Werfen wir jetzt einen Blick auf einen Konflikt zwischen Ihrem Kind und einem anderen, einem Freund oder Geschwistern, der noch nicht so lange zurückliegt. Wie haben Sie Ihrem Kind dabei geholfen, *Mindsight* zu entwickeln und die Gefühle des anderen zu berücksichtigen? Hat Ihr Kind aktiv versucht, den Fehler wiedergutzumachen? Falls ja, war es eine eher bestimmte, direkte Antwort (wie ein kaputtes Spielzeug zu ersetzen) oder eine relationale Antwort (wie einen Entschuldigungsbrief zu schreiben oder etwas Nettes für den anderen zu tun)? Wie hat Ihr Kind sich dabei gefühlt? Fand keine Versöhnung statt, hatte das Folgen für die Beziehung? Was, wenn überhaupt, würden Sie beim nächsten Mal anders machen? Halten Sie bitte Ihre Gedanken hierzu fest.

....

....

....

....

....

....

So wie bei den anderen Fertigkeiten auch, die wir in diesem Arbeitsbuch vorgestellt haben, trägt eine Vorbildfunktion maßgeblich zum Vermitteln der gewünschten Fertigkeit bei. Wenn Sie einen Bruch in der Beziehung zu Ihrem Kind erleben, wenn Sie die Beherrschung verloren haben, keine Geduld hatten oder etwas gesagt haben, das Sie hinterher bereuten, dann zeigen Sie Ihrem Kind, dass auch Sie sich aufrichtig entschuldigen können. Kinder tun das, was wir tun. Taten sagen mehr als Worte.

Kinder mit einem integrierten Gehirn: Wie unsere Kinder lernen, das Selbst und die anderen zu integrieren

Zusätzlich zu den vorgeschlagenen Übungen haben wir diesen Comic entworfen, damit Sie ihn gemeinsam mit Ihrem Kind lesen und so das Konzept vorstellen können, den eigenen Geist und den der anderen zu sehen.

Kinder mit einem integrierten Gehirn: Wie unsere Kinder lernen, das Selbst und die anderen zu integrieren

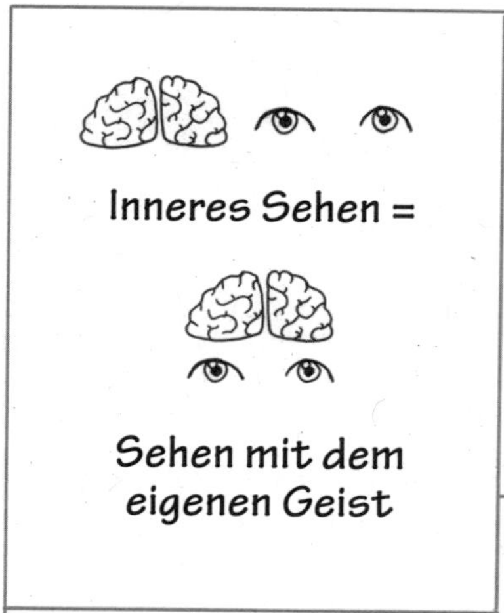

Wie das äußere Sehen das Sehen mit den Augen ist, so ist inneres Sehen das Sehen mit dem eigenen Geist. Und dazu gehören zwei Dinge…

Erstens, es bedeutet, dass du in deinen eigenen Geist schaust, um zu sehen, was da vor sich geht. Durch das innere Sehen kannst du die inneren Bilder, die Gedanken in deinem Verstand und die Emotionen, die du erfährst, und selbst die Gefühle in deinem Körper sehen. Dadurch kannst du dich selbst besser kennenlernen.

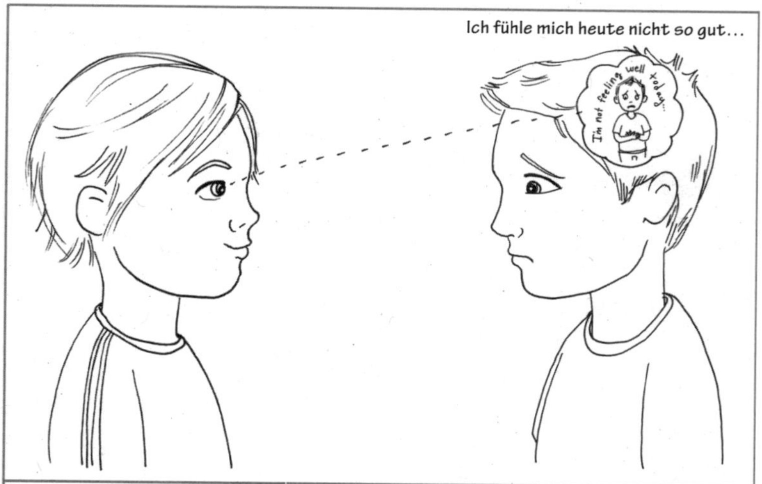

Der zweite Aspekt des inneren Sehens ist das Hineinsehen in den Geist eines anderen und zu versuchen, die Dinge so zu sehen, wie er sie sieht.

Zum Beispiel:

Drew kam vom Spielen mit seinem Freund Tim nach Hause und sagte seinem Vater, dass er mit seinem Freund darüber gestritten habe, wer mit Tims neuer Wasserpistole spielen darf. Sie hatten sich schließlich darauf geeinigt, sich abzuwechseln, aber als Drew nach Hause kam, war er immer noch wütend.

Drew erklärte, dass er bei Tim zu Gast war und dass Tim ihn deshalb mit seiner Wasserpistole spielen lassen sollte. Sein Vater hörte zu und sagte, dass er das verstehen könne. Dann fragte er. „Was denkst du, warum wollte Tim so gern selbst damit spielen?"

Drew dachte einige Sekunden nach, „Weil sie neu war und Tim selbst noch nicht so viel Zeit hatte, damit zu spielen?" In diesem Moment nutzte er sein inneres Sehen, um Tims Gefühle zu verstehen. Er war nicht mehr so wütend wie vorher.

Wenn du das nächste Mal auf jemanden wütend bist, kannst du dein eigenes inneres Sehen nutzen, um darauf zu achten, wie sich der andere Mensch fühlt. Dadurch könnt ihr beide viel besser mit der Situation umgehen.

Was auch immer Sie tun, um *Mindsight*-Fertigkeiten wie Einsicht und Empathie in Ihren Kindern zu fördern, ist ein großes Geschenk für Ihre Kinder und eine Investition in ihre zukünftigen glücklichen Beziehungen.

Uns selbst integrieren: Sinn in unserer eigenen Geschichte finden

Wir haben uns damit beschäftigt, wie Ihr Kind seine Beziehungsfertigkeiten verbessern kann. Wenden wir jetzt unsere Aufmerksamkeit wieder Ihnen, den Eltern, zu. Wie gut unser Verständnis unserer eigenen Erfahrungen mit unseren Eltern ist und wie empfindsam wir unseren Kindern gegenüber sind, bestimmen unsere Beziehung zu unseren Kindern und damit, wie sehr sie sich entfalten werden.

Es läuft alles auf unsere Lebensgeschichte hinaus, auf die Geschichte, die wir erzählen, wenn wir beschreiben, wer wir sind und wie wir der Mensch wurden, der wir heute sind. Unsere Lebensgeschichte offenbart:

- unsere Gefühle über unsere Vergangenheit
- unser Verständnis davon, warum Menschen (wie beispielsweise unsere Eltern) sich so verhielten, wie sie sich verhielten
- unser Bewusstsein davon, wie solche Ereignisse unser Erwachsenwerden beeinflussten

Wie wir im gesamten Arbeitsbuch beschrieben haben: Wenn wir lernen, nicht reaktiv Eltern zu sein, können wir stattdessen auf die Bedürfnisse unserer Kinder im jeweiligen Moment antworten. Reaktives Elternsein findet größtenteils dann statt, wenn wir unsere Lebensgeschichte nicht untersucht haben, weil ungelöste Verletzungen, unbefriedigte Bedürfnisse und Überzeugungen aus unserer Vergangenheit in unsere Gegenwart eindringen – manchmal ohne dass wir uns dessen überhaupt bewusst sind.

Erfahrungen, Verhaltensweisen und Bewältigungsmechanismen, die nicht untersucht werden, können ganze Generationen beeinträchtigen.

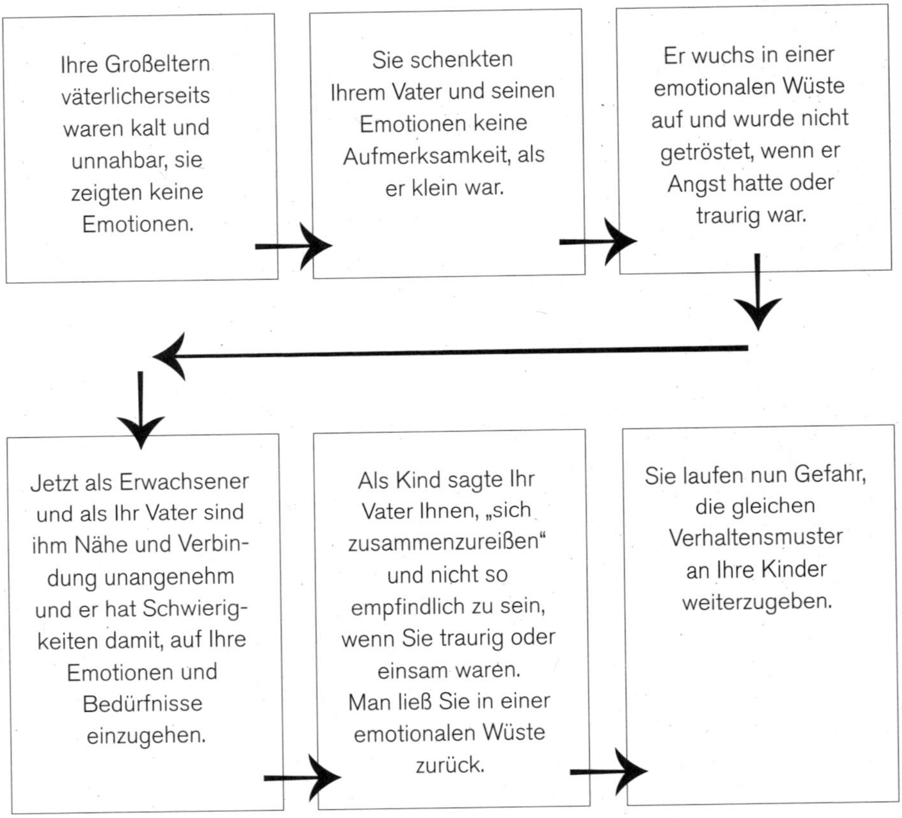

Die gute Nachricht ist, dass Sie diesen Zyklus durchbrechen können, wenn Sie über Ihre eigene Geschichte nachdenken und Ihre Erfahrungen und die Beeinträchtigungen Ihrer Eltern verstehen. Eine schwierige Kindheit verdammt Sie nicht dazu, eine schlechte Mutter oder ein schlechter Vater zu sein. Verstehen Sie Ihre Lebensgeschichte, dann ist es sogar möglich, aus vergangenem Leid eine elterliche Kompetenz zu machen. (Wenn Sie sich näher mit diesem Modell befassen möchten, empfehlen wir das Buch *Gemeinsam leben, gemeinsam wachsen*, das Dan zusammen mit Mary Hartzell geschrieben hat.)

Ihre Lebensgeschichte verstehen

Wie auch immer unsere Kindheit ausgesehen haben mag, wir alle wenden Strategien zur Bewältigung unserer Lebenserfahrungen an. Manchmal wirken sich derartige Verhaltensweisen zu unserem Vorteil aus:

Um mit seiner chaotischen Kindheit besser fertig zu werden, organisierte Tim später alles in seinem Leben durch. Diese Fähigkeit half ihm, ein gut laufendes Unternehmen erfolgreich zu leiten.

Allerdings kann die Art und Weise, wie wir mit frühen Erfahrungen umgehen, uns auch einschränken:

Tims Organisationstalent ist gleichzeitig auch ein Bedürfnis. Er benutzt es, um den Stress zu kontrollieren, der entsteht, wenn Dinge nicht wie geplant verlaufen. Fehlende Organisation macht ihn unruhig und unfähig, seine Denkweise dementsprechend anzupassen. Um das zu vermeiden, plant er jeden Schritt seines Tagesablaufs genau durch und kann daher dogmatisch und unflexibel gegenüber seinen Angestellten wirken.

Wenn Sie offen über Ihre Kindheitserfahrungen und die Auswirkungen nachdenken, die Ihr Leben mit Ihren Eltern, im Guten wie im Schlechten, auf Sie hatte, erlauben Sie sich selber, sich besser und auf sinnhafte Weise zu verstehen. Das Resultat ist, dass Sie sich genau auf Ihre eigenen Kinder einstimmen können und sie für Kindheitserfahrungen empfänglich machen, die (unter anderem) ihr soziales, emotionales und intellektuelles Wachstum fördern.

Mit der letzten Reflexion in diesem Arbeitsbuch möchten wir Ihnen gerne die Möglichkeit geben, über Ihre eigene Kindheit und darüber, wie Sie erzogen wurden, nachzudenken. Halten Sie nachfolgend die positiven Erinnerungen an Ihre Beziehung zu Ihren Eltern fest. Wie zeigten sie Ihnen, dass sie Sie liebten? Wie zeigten sie Ihnen beständige, liebevolle Fürsorge, auf die Sie vertrauen konnten? Wie zeigten sie Ihnen ihr Interesse an Ihnen? Wodurch wussten Sie, dass sie Sie verstanden und akzeptierten? Und was taten Ihre Eltern, um Ihnen einen sicheren Raum zu geben, in dem Sie sich ausdrücken konnten? Schreiben Sie Ihre Gedanken auf:

Schreiben Sie nun auf, was Ihre Eltern hätten besser machen können. Hatten Sie nicht immer ihre Aufmerksamkeit oder war die Liebe Ihrer Eltern nicht immer da oder wurden Sie nur zu ihren Bedingungen akzeptiert? Seien Sie ehrlich angesichts ihrer Unzulänglichkeiten. Anzuerkennen, in welchen Bereichen Ihre Eltern Sie enttäuschten, bedeutet nicht, dass sie schlechte Menschen wären. Sie erlauben sich in dieser Reflexion nur, das Licht des Gewahrseins auf die Definition, Gedanken und Vorstellungen zu richten, die Sie über sich selber und Ihr Leben haben. Auch wenn Sie sich solcher Ideen nicht vollständig bewusst sind, können diese Sie trotzdem negativ beeinflussen. Halten Sie Ihre Erinnerungen und Gedanken dazu fest:

Im letzten Teil dieser Reflexion bitten wir Sie, darüber nachzudenken, woher diese Unzulänglichkeiten kommen. *Warum* waren Ihre Eltern nicht in der Lage, Ihnen emotional und relational das zu geben, was Sie brauchten? Waren sie zu sehr mit anderem beschäftigt (*mit Beruf, Ihren Geschwistern, gesundheitlichen Problemen*)? Mussten sie selber mit eigenen Verletzungen umgehen? Standen ihnen nicht die notwendigen elterlichen Ressourcen oder Unterstützung zur Verfügung?

Sie wollen weder ihr Verhalten entschuldigen, noch nach Gründen suchen, um sie zu kritisieren. Während Sie darüber nachdenken und Ihre Gedanken aufschreiben, versuchen Sie einfach nur, das zu beobachten, was Sie bemerken. Emotionen werden wahrscheinlich aufkommen und das ist in Ordnung. Sie werden sich später mit diesen befassen wollen. Nehmen Sie jetzt aber einfach nur urteilsfrei wahr, wie Sie Ihre Eltern sehen. Diese Reflexion soll Ihnen ein Verständnis und eine Erklärung dafür vermitteln, wer Ihre Eltern waren und warum sie Sie so erzogen, wie sie Sie erzogen.

Sich durch diese Übung und, ja, das gesamte Arbeitsbuch durchzuarbeiten, ist der Ausgangspunkt dafür, auslösende Erinnerungen und ungelöste Emotionen aus Ihrer Kindheit von dem zu trennen, was im gegenwärtigen Moment mit Ihrem Kind geschieht. Sind Sie erst einmal dazu in der Lage, sind Sie einen Schritt weiter, um die Last solcher Erinnerungen loszulassen und die Eltern zu sein, die Sie wirklich sein wollen und die Ihr Kind braucht.

Wir möchten folgenden Punkt so deutlich wie möglich machen: Frühe Erfahrungen bedeuten nicht Schicksal. Dadurch, dass Sie Ihre Vergangenheit verstehen, befreien Sie sich von einem generationsübergreifenden Erbe des Schmerzes und der unsicheren Bindung und schaffen stattdessen ein Vermächtnis vorhersehbarer, einfühlsamer Fürsorge und Liebe für Ihre Kinder. Sie schaffen eine Beziehung, in der diese sich sicher, gesehen und getröstet fühlen.

Das Wissen, dass unsere Kinder mit dem und durch das leben, was wir gerade erleben, motiviert uns dazu, unsere Reise in Richtung Verständnis unserer eigenen Geschichte, mit all ihrem Freud und Leid, zu beginnen und fortzusetzen. Dann können wir uns auf die Bedürfnisse und Signale unsere Kinder einstimmen und eine sichere Bindung sowie eine starke und gesunde Verbindung zu ihnen aufbauen.

SCHLUSSBEMERKUNG

Das Gelernte integrieren

Besonders schwerwiegend wird es, wenn wir die generationsübergreifenden Wirkungen des Ansatzes eines integrierten Gehirns bedenken. Erkennen Sie die Möglichkeit, die Sie jetzt haben, um eine positive Veränderung in der Zukunft zu bewirken? Wenn Sie Ihren Kindern das Geschenk mitgeben, ihr ganzes Gehirn nutzen zu können, dann haben Sie nicht nur eine Wirkung auf das Leben Ihrer Kinder, sondern auch auf das Leben der Menschen, denen Ihre Kinder begegnen werden.

ACHTSAME KOMMUNIKATION MIT KINDERN

Wir möchten dieses Arbeitsbuch gerne mit einer letzten Visualisierung beenden. Wir hoffen, dass sie Sie dazu inspiriert, Ihren Weg zur Intentionalität und Integration fortzusetzen.

Nehmen Sie sich jetzt einige Minuten Zeit, schließen Sie die Augen und stellen Sie sich Ihr Kind als erwachsenen Menschen vor. Seien Sie so konkret wie möglich und stellen Sie sich so viele Details (Gesichtsform, Körper, Haarfarbe, Augen) wie möglich vor.

Stellen Sie sich diesen Erwachsenen, der einmal Ihr Kind war, mit Ihrem Enkel im Arm vor. Was für eine Mutter oder ein Vater wird Ihr Kind sein? Geduldig? Respektvoll? Gütig? Gegenwärtig? Anders ausgedrückt, welche Verhaltensweisen haben Sie Ihrem Kind vorgelebt und welchen Erwartungen haben Sie durch Ihr Elternsein den Weg geebnet? Schreiben Sie Ihre Antworten auf.

Wir stellen Ihnen diese Visualisierung zur Verfügung, *nicht* um Sie unter Druck zu setzen, sondern um hervorzuheben, wie spannend es ist, dass Sie sich heute darum bemühen, mit Ihrem Kind verbundene Eltern zu sein, die sich ihrer selbst bewusst sind. Dadurch, dass Sie die schwierige Aufgabe übernehmen, Ihren eigenen Elternstil zu untersuchen und sich zu überlegen, wie Sie Ihre eigenen Kinder am besten ins Leben begleiten, machen Sie Ihren zukünftigen Enkelkindern ein großes Geschenk, denn Sie haben den Integrationsprozess in Ihren eigenen Kindern ermöglicht. Sie verbinden sich zuerst emotional mit Ihren Kindern und leiten dann um. Sie bringen ihnen bei, ihre Ängste zu benennen, um sie zu zähmen. Sie zeigen ihnen, wie sie ihre Aufmerksamkeit bündeln können, um ihre eigenen Emotionen und Handlungen zu regulieren. Durch all das geben Sie ihnen ein Vermächtnis mit auf den Weg, das einen bedeutenden Einfluss auf zukünftige Generationen haben wird.

Sagen wir es jedoch noch einmal: Sie sind nicht perfekt. Und Sie werden nicht perfekt sein. Nie. Und wir sind es als Eltern auch nicht. Unsere Aufgabe besteht weder darin, Fehler zu vermeiden, noch unsere Kinder davor zu bewahren, schwierige Momente zu erleben. Unsere Aufgabe ist es, eine Verbindung zu unseren Kindern herzustellen und zusammen mit ihnen die schwierigen Momente zu durchleben. In *Achtsame Kommunikation mit Kindern* beschreiben wir es so: „Die Schönheit der Perspektive des integrierten Gehirns liegt darin, dass wir verstehen können, dass *selbst die Fehler Gelegenheiten sind*, um zu wachsen und zu lernen. Zu diesem Ansatz gehört auch, dass wir genau wissen, was und warum wir es tun, und gleichzeitig anerkennen, dass wir alle Menschen sind. Intention und Achtsamkeit sind unsere Ziele, nicht eine starre, unflexible Erwartung von Perfektion."

Setzen Sie sich nicht unter Druck. Haben Sie Freude mit und an Ihren Kindern und seien Sie willens, sich in Konfliktsituationen bei Ihren Kindern zu entschuldigen und sich mit ihnen zu versöhnen. Denken Sie daran, dass Sie selbst in jenen Momenten, in denen Sie einfach nur versuchen, bis zur Schlafenszeit zu überleben, Ihre Interaktionen mit Ihren Kindern zu deren Entfaltung nutzen können, damit sie glücklichere und gesündere Menschen werden, die voll und ganz in sich selbst ruhen. Was für ein Geschenk, das Sie nicht nur Ihren Kindern und Ihrer Familie, sondern der Welt machen!

Mit dieser Perspektive im Hinterkopf möchten wir Ihnen das letzte Wort geben. Notieren Sie nachfolgend ein oder zwei Bereiche, an denen Sie jetzt gerne arbeiten möchten, um Ihre Elternrolle absichtsvoller auszuüben. Blättern Sie vielleicht noch einmal durch dieses Arbeitsbuch und schauen Sie sich Ihre Antworten auf unsere Fragen an. Halten Sie einige Schritte fest, die Sie jetzt unternehmen können, um die Eltern zu sein, die Sie sein möchten – für Ihre Kinder und für Sie selber.

Dank

Zunächst möchten wir uns bei Ihnen allen bedanken, die unser Buch *Achtsame Kommunikation mit Kindern* mit Begeisterung gelesen und es in ihren Familien und beruflichen Aktivitäten zum Leben erweckt haben. Wir hatten anfangs nicht vor, ein begleitendes Arbeitsbuch zu schreiben. Aber so viele von Ihnen haben sich mit dem Wunsch an uns gewandt, mehr über das Konzept des integrierten Gehirns zu erfahren und zusätzliche Werkzeuge zu haben, die Sie in Gruppen oder Buchklubs oder Elternkursen benutzen können. Und dieser Bitte wollten wir nachkommen. Wir danken Ihnen für Ihre Anfragen und für Ihre begeisterte Akzeptanz unseres Buches *Achtsame Kommunikation mit Kindern!*

Wir danken auch unseren Studenten und Studentinnen sowie unseren Kollegen und Kolleginnen und den Eltern und Kindern, mit denen wir in Einzel- oder Gruppentherapie zusammengearbeitet haben. Sie alle haben uns dabei geholfen, die Ideen im Buch zu vervollkommnen und

Möglichkeiten zu finden, Theorie und Wissenschaft in die Praxis umzusetzen. Die Geschichten, die Sie mit uns geteilt, und die Fragen, die Sie gestellt haben, haben uns dabei geholfen, unser eigenes Verständnis der Ideen zu verdeutlichen und zu vertiefen, die uns so sehr am Herzen liegen.

Wir möchten auch PESI für die Unterstützung während des gesamten Publikationsprozesses danken. Ein besonderer Dank gilt Linda Jackson, unserer Verlegerin. Ihr Enthusiasmus war von Anfang an zu spüren. Sie hatte immer eine Antwort auf unsere Fragen und stand uns bei jedem Schritt tatkräftig zur Seite. Mit ihr zusammenzuarbeiten war eine große Freude.

Und schließlich bedanken wir uns bei Gina Osher. Ohne sie wäre dieses Buch nie geschrieben worden. Ihre Kreativität und ihr Wissen waren unschätzbar für uns. Ihr Einfluss auf dieses Arbeitsbuch kann nicht oft genug betont werden.

Wir hoffen, dass unser Arbeitsbuch viele weitere Möglichkeiten für Eltern und andere Bezugspersonen darstellt, mit den Kindern zu interagieren, die sie lieben, damit diese zu glücklichen, gesunden und in sich ruhenden Menschen heranwachsen können.

Dan und Tina

Über die Autoren

Daniel J. Siegel studierte an der Harvard Medical School und spezialisierte sich dann an der UCLA (University of California, Los Angeles) in Pädiatrie und Kinder-, Jugend- und Erwachsenenpsychiatrie. Heute ist er klinischer Professor für Psychiatrie an der UCLA School of Medicine, einer der Gründungsdirektoren des Mindfulness Awareness Research Center an der UCLA und wissenschaftlicher Mitarbeiter am UCLA Center for Culture, Brain and Development. Zudem ist er Geschäftsführer des Mindsight Institute, eines Bildungszentrums, das sich der Förderung von Einsicht, Mitgefühl und Empathie bei Einzelnen, in Familien, Institutionen und Gemeinden widmet.

Daniel Siegel arbeitet seit 25 Jahren in seiner psychotherapeutischen Praxis und hat zahlreiche Bücher für ein Fachpublikum geschrieben, darunter Mindsight, Handbuch der Interpersonellen Neurobiologie, Wie wir werden, die wir sind: Neurobiologische Grundlagen subjektiven Erlebens und die Entwicklung des Menschen in Beziehung, Der achtsame Therapeut: Ein Leitfaden für die Praxis, Gemeinsam leben, gemeinsam wachsen: Wie wir uns selbst besser verstehen und unsere Kinder einfühlsam ins Leben begleiten können (mit Mary Hartzell), sowie die drei Bücher auf der New York Times-Bestseller-Liste Aufruhr im Kopf: Was während der Pubertät im Gehirn unserer Kinder passiert, Achtsame Kommunikation mit Kindern (mit Tina Payne Bryson) und Disziplin ohne Drama: Achtsame Kommunikation mit Kindern (mit Tina Payne Bryson). Er hat Vorträge für den König von Thailand, Papst Johannes Paul II., Seine Heiligkeit, den 14. Dalai Lama, Google University und TEDx gehalten.

Tina Payne Bryson ist die Ko-Autorin (mit Dan Siegel) von zwei Büchern, die auf der Bestseller-Liste der New York Times standen: Achtsame Kommunikation mit Kindern und Disziplin ohne Drama: Achtsame Kommunikation mit Kindern. Sie arbeitet als Psychotherapeutin mit Kindern und Jugendlichen. Zudem ist sie Geschäftsführerin des Parenting for the Mindsight Institute und Expertin für frühkindliche Entwicklung an der Saint Mark's School in Altadena (Kalifornien). Sie ist Hauptreferentin auf vielen Konferenzen und leitet weltweit Workshops für Eltern, Pädagogen und Kliniker. Tina Payne Bryson erhielt ihren Doktortitel von der University of Southern California und lebt zusammen mit ihrem Mann und ihren drei Kindern in der Nähe von Los Angeles. Weitere Informationen über ihre Arbeit finden Sie unter: tinabryson.com. Hier finden Sie Artikel über Kindererziehung und können ihr Blog abonnieren.

Weitere Literatur aus dem Arbor Verlag

Daniel J. Siegel & Mary Hartzell

Gemeinsam leben, gemeinsam wachsen

Wie wir uns selbst besser verstehen und unsere Kinder einfühlsam ins Leben begleiten können.

Wie funktionieren Erinnerungen, Gefühle und Kommunikation im Geflecht unserer alltäglichen Beziehungen? Und wie können sie zu einer liebevollen und sicheren Beziehung zu unseren Kindern beitragen?

Unter Bezug auf neueste Forschungsergebnisse aus Hirn- und Beziehungsforschung erläutern Daniel J. Siegel und Mary Hartzell, wie sich zwischenmenschliche Beziehungen direkt auf die Entwicklung des menschlichen Gehirns auswirken. Feinfühlig skizziert das Autorenduo hierbei den Kern der Beziehung zwischen Eltern und Kind, indem sie den Blick auf die familiäre Interaktion Schicht um Schicht von den oftmals unangemessenen und eingeschliffenen Erziehungspraktiken befreien.

ISBN 978-3-936855-95-1

Daniel Siegel & Tina Payne Bryson

Disziplin ohne Drama

Achtsame Kommunikation mit Kindern

In diesem Ratgeber, der Eltern hilft, nicht die Fassung zu verlieren, finden Sie:

- Fakten zur Entwicklung des kindlichen Gehirns – und dazu, welche Vorgehensweise in welchem Alter und Stadium am angemessensten und hilfreichsten ist
- Wege, um sich mit Ihrem Kind ruhig und liebevoll zu verbinden – egal, wie extrem sein Verhalten ist – und dennoch klare und konsequente Grenzen zu setzen
- Tipps dazu, wie Sie Ihre Kinder so durch einen Wutanfall lotsen, dass sie Einsicht und Empathie gewinnen

Vervollständigt wird das Buch durch authentische Geschichten und humorvolle Abbildungen, welche die Empfehlungen der Autor*innen mit Leben erfüllen. Disziplin ohne Drama zeigt Ihnen, wie Sie mit dem sich entwickelnden Geist Ihres Kindes arbeiten, Konflikte friedlich lösen und Glück und Resilienz sämtlicher Familienmitglieder erhöhen können.

ISBN 978-3-86781-297-9

DER VEREIN MIT KINDERN WACHSEN E.V.

Der Verein *Mit Kindern wachsen e.V.* besteht mittlerweile seit mehr als dreißig Jahren. Unsere Aktivitäten richten sich an Menschen, die mit Kindern neue Wege gehen wollen – Wege, die ein Kind von Anfang an als fühlendes Subjekt respektieren, seine Integrität bewahren und es ihm erlauben wollen, sich nach seinem eigenen inneren Gesetz zu entfalten. Dabei haben sich in den letzten Jahren folgende Schwerpunkte herausgebildet:

DIE ZEITSCHRIFT MIT KINDERN WACHSEN

Unsere Zeitschrift erscheint vierteljährlich und ist im Abo erhältlich, auch zum Verschenken als Geschenkabo. Zusätzlich bringen wir in unregelmäßigen Abständen themenbezogene Sonderhefte heraus, wie z.B. unser Achtsamkeitsheft oder unser Special zum Thema Säuglinge und Kleinkinder.

SEMINARE UND FORTBILDUNGEN

Über diese Aktivitäten hinaus organisieren wir Fortbildungen, Seminare und Vorträge, die dabei helfen können, einer neuen inneren Haltung Kindern gegenüber näherzukommen und Schwierigkeiten auf diesem Weg zu überwinden.

Weitere Informationen über uns, unsere Zeitschrift und unsere Arbeit finden Sie bei

Mit Kindern wachsen e.V.
Vereinsbüro Freiburg
Alice-Salomon-Straße 4
79111 Freiburg
Tel. +49.(0)761.47 99 540
info@mit-kindern-wachsen.de

www.mit-kindern-wachsen.de

Arbor Verlagsprogramm

Umfangreiche Informationen zu unseren Themen, ausführliche Leseproben aller unserer Bücher, einen versandkostenfreien Bestellservice und unseren kostenlosen Newsletter. All das und mehr finden Sie auf unserer Website.

www.arbor-verlag.de

Mehr von Daniel Siegel & Tina Payne Bryson:

www.arbor-verlag.de/daniel-siegel
www.arbor-verlag.de/tina-payne-bryson

Arbor Seminare

Die gemeinnützige *Arbor-Seminare gGmbH* organisiert regelmäßig Seminare und Weiterbildungen mit führenden Vertreter*innen achtsamkeitsbasierter Verfahren. Zudem informiert sie über aktuelle Entwicklungen in diesem Bereich und trägt Achtsamkeit auf diese Weise nachhaltig in die Gesellschaft. Nähere Informationen finden Sie unter:

www.arbor-seminare.de

Arbor Online-Center

Mit dieser Plattform hat Arbor einen virtuellen Ort der Inspiration und des Lernens rund um das Thema Achtsamkeit geschaffen. Lernen Sie die Autor*innen unserer Bücher und die Referent*innen unserer Veranstaltungen kennen: in Interviews, Vorträgen, Meditationsübungen, Webinaren, Podcasts sowie Online-Kursen und zahlreichen weiteren Ressourcen.

www.arbor-online-center.de